AI 시대의
가정예배 혁명

―――――

가정이 교회다

AI시대의 가정예배 혁명
가정이 교회다

초판발행 2025년 11월 30일

지은이 백명훈
펴낸이 육순종
펴낸곳 만우와장공

주소 03129) 서울 종로구 김상옥로 30(연지동) 4층 기장총회
전화 02-3499-7600 / **이메일** prok3000@daum.net
등록 2024년 3월 29일 제2024-000042호 / ISBN 979-11-94191-20-9 03230

책임편집 김진아 / **디자인** 표지_ 박서영 내지_ 너의오월 / **제작** 너의오월

가격 12,000원

이 책은 저작권법에 따라 보호받는 저작물이므로, 무단 전재와 복제를 금합니다.
잘못된 책은 교환해 드립니다.

AI 시대의
가정예배 혁명

가정이 교회다

저자의 글

AI 시대를 살아가는 우리는 전에 없던 풍요를 누리면서도 동시에 심각한 도전에 직면해 있습니다. 스마트폰과 인공지능은 우리의 삶 깊숙이 들어와 부모와 자녀의 대화는 점점 줄어들고, 그 결과 신앙 전승의 끈마저 느슨해지고 있습니다. 교회는 여전히 중요한 신앙 공동체이지만, 단 몇 시간의 주일예배와 교회학교만으로는 자녀 세대의 신앙을 든든히 세워가기 어렵습니다.

성경은 분명히 말합니다. 가정이야말로 신앙교육의 중심입니다. 구약의 신명기 말씀, 유월절 절기, 시편과 잠언의 교훈, 그리고 초대교회의 가정예배 전통은 모두 "가정이 작은 교회"임을 증언하고 있습니다. 그러나 한국교회의 현실은 교회 중심, 목회자 의존적 구조 속에서 가정예배와 신앙교육이 점점 약화되어 왔습니다. 그 결과 부모는 자녀와 신앙을 나누는 일에 어려움을 느끼고, 자녀 세대는 신앙의 언어를 잃어가고 있습니다.

이 책은 바로 이 절박한 상황 속에서 태어났습니다. 저는 지금이야말로 가정예배의 회복, 혁명이 필요하다고 믿습니다. 단순한 개선이나 회복이 아니라, AI 시대라는 거대한 변화 속에서 가정을 신앙의 중심으로 다시 세우는 근본적 전환이 절실합니다. 가정은 작은 교회이며, 이제는 그 작은 교회가 새로운 신앙혁명의 무대가 되어야 합니다.

AI는 신앙의 대체자가 아닙니다. 그러나 올바른 분별 속에서 AI를 활용한다면, 찬양과 말씀, 나눔과 기록, 대화와 적용에 이르기까지 가정예배는 혁명적으로 달라질 수 있습니다. 부모와 자녀는 단순한 지식 전달을 넘어, 삶을 나누고 하나님을 함께 경험하는 실질적 훈련을 누릴 수 있습니다. 이 과정에서 AI는 유익한 도구로서, 우리의 가정을 돕는 동반자가 될 것입니다.

저는 이 책이 독자들에게 단순한 안내서가 아니라, 가정을 작은 교회로 세우는 변화의 시작, 신앙혁명의 선언문이 되기를 소망합니다. 무엇보다 AI라는 시대적 도구를 활용하면서도, 가정예배의 본질은 언제나 하나님께 드리는 경배와 세대를 이어가는 신앙 전승에 있음을 잊지 않으시길 바랍니다. 이 책을 읽는 모든 가정이 말씀 앞에 다시 서고, 가정예배를 통해 부모와 자녀가 이어지며, 교회와 한국 사회가 새 힘을 얻는 신앙혁명의 은혜가 있기를 간절히 기도합니다.

마지막으로 이 책을 출판할 수 있도록 도와주시고 기도해주신 더드림 하늘가족공동체, 경남노회 구성원, 한신 기독교교육학과 동문 목사님들과 스승이신 이금만 목사님, 총회 교육국장 김진아 목사님, 마지막으로 이러한 고민과 고민의 결과물을 낼 수 있도록 큰 도전을 주시고 열정적으로 지도해주신 김선영 교수님께 깊은 감사의 마음을 전합니다.

2025년 11월
백명훈 목사

추천의 글

한국 사회는 지금 그 어느 때보다 급변하고 있으며, 교회 또한 그 한복판에서 심각한 위기를 경험하고 있다. 특히 코로나19 이후 지역 교회가 감당해 온 사역은 전례 없는 제약을 받았고, 그 상황 속에서 가정을 신앙 전수의 장으로 굳건히 세워놓지 못했던 한국 개신교회의 약점이 여실히 드러났다. 이는 치명적인 결과를 초래했다. 바로 이러한 맥락에서 이 책은 우리에게 특별한 의미를 지닌다.

본서는 핵심적인 내용을 다루면서도 누구나 쉽게 이해하고 사용할 수 있게 쓰였다. 게다가 일상 속에 깊숙이 들어와 있는 AI시대에 살고 있다는 점을 고려하여, 가정예배에서 AI를 어떻게 의미 있게 활용할 수 있을지 실제적인 방안을 제시하고 있다. 동시에 AI가 주는 편리함과 유익함뿐 아니라, 그 이면에 자리한 위험과 주의 사항도 균형 있게 다룸으로써 신중하면서도 지혜롭게 사용하도록 도와준다.

참으로 오늘날 급속도로 발전하고 있는 AI는 우리의 삶 전반을 근본적으로 바꾸어 놓고 있다. 하지만 교회는 이러한 변화에 적절히 대처하지 못한 채 뒤처져 있다. 그런 점에서 이 책은 발 빠르게 시대의 흐름을 읽으며, 교회와 성도, 특히 AI시대의 가정예배를 고민하는 이들에게 시의적절한 길잡이가 되어 줄 것이다.

사실 AI는 유용한 미디어가 될 수 있지만 동시에 그리스도인의 신앙을 형성하고 있는 신학 자체에 근본적인 질문을 던지고 있다. AI를 통해 새로운 차원의 창조가 이루어지는 이 시대에 AI가 그리스도인이 믿는 창조주 하나님을 대체하는가? AI가 죽음을 넘어서서 디지털 불멸을 제공하는 이 시대에, 그리스도인이 소망하는 부활의 의미는 무엇인가? AI가 인간의 역할을 대체해 가는 이 시대에 인간다움의 본질은 무엇인가?

이전에 이러한 질문들은 상상조차 할 수 없었던 것이고, 현재 우리를 혼란의 소용돌이 속으로 몰아넣고 있다. 이런 때일수록 그리스도인이 가정예배를 통해 AI를 의미 있게 사용하면서 그리스도인으로서의 올바른 정체성과 그리스도교 신앙을 정립하고 전수하는 일이 시급하다. 이를 위해 이 책은 필수적이면서도 매우 실질적인 도움을 줄 것이다.

김선영 교수
(실천신학대학원대학교 교수)

이 책은 우리 신앙의 본질을 되돌아보게 합니다. 저자 저자는 가정예배의 성서적 근거를 탄탄하게 제시하며, 구약 시대부터 내려온 가정예배의 전통이 왜 오늘날에도 유효한지를 설득력 있게 설명합니다. 저자는 가정예배가 '스마트'해져야 한다고 강조합니다. AI 시대에 더욱 깊고 의미 있는 신앙교육을 가능하게 하는 지혜로운 접근을 강조합니다. 이 책은 오늘을 살아가는 그리스도인 가정에 꼭 필요한 나침반과 같습니다. AI가 우리 삶의 많은 부분을 대체하고 있는 시대에, 신앙교육마저도 무미건조한 정보 전달에 그치지 않을까 염려하는 이들에게 이 책은 명쾌한 해답을 제시합니다. 이 책의 큰 장점은 가정예배의 본질적 의미와 필요성을 성서적 토대 위에서 명확하게 설명한다는 것입니다. 저자는 구약 시대부터 이어져 온 가정예배의 모범을 제시하며, 가정이야말로 가장 중요한 신앙 공동체이자 신앙교육의 장소임을 역설합니다.

또한 AI 시대의 특징을 깊이 통찰하며, 기술의 발전이 가정예배에 어떤 새로운 기회를 가져다줄 수 있는지를 구체적으로 보여줍니다. AI를 활용한 맞춤형 성경 공부, 자녀의 연령과 흥미에 맞는 찬양 추천 등 실제적인 사례들은 가정예배가 더 이상 형식적인 의례가 아니라, 살아 숨 쉬는 신앙의 시간이 될 수 있음을 일깨워 줍니다. 이 책을 통해 많은 가정이 AI 시대의 물결 속에서도 흔들리지 않는 신앙의 뿌리를 내리고, 가정예배를 통해 하나님과의 관계를 더욱 깊게 회복하기를 바랍니다. 또한, 자녀들에게 살아있는 믿음을 유산으로 물려주고자 하는 모든 부모님들께 이 책의 일독을 강력히 추천합니다.

이금만 목사
(공덕교회 담임, 전 한신대 기독교교육학과 교수)

이 책은 단순히 가정예배의 방법을 설명하는 지침서가 아니라 신앙의 본질이 어디에 있는가를 근본적으로 묻는 책입니다. 책에서 인용하신 신명기의 말씀처럼, 믿음은 강단 위에서만 전수되는 것이 아니라 식탁과 거실, 침실과 일상의 대화 속에서 이어집니다. 부모의 눈물 섞인 기도와 자녀의 솔직한 나눔이 만나는 그 자리, 바로 그곳이 하나님의 성전임을 이 책은 구체적으로 보여줍니다.

특히 "AI 시대의 가정예배"라는 주제는 오늘을 사는 우리에게 낯설지만 도전적인 메시지입니다. 저자는 AI라는 새로운 기술을 배척하지도, 무비판적으로 수용하지도 않습니다. 대신 AI를 신앙교육의 도구로 선용하는 길을 신중하고 구체적으로 제시합니다. 아이들이 AI를 통해 성경의 배경을 배우고, 말씀을 시각적으로 이해하며, 가족이 함께 질문하고 대화하는 예배의 장면은 스마트폰과 AI의 출현을 걱정하기만 할 것이 아니라 어떻게 선하게 활용할 수 있는지를 보여주는 훌륭한 모범이라 하겠습니다.

이 책은 신학적 깊이와 실제적 지침이 균형을 이룬 책입니다. 무엇보다 "가정이 곧 교회이며, 예배는 일상의 중심에 있다"는 진리를 다시금 확신하게 합니다. 우리는 새로운 기술이나 사조가 등장할 때마다 두려워하거나 배척하면서 옛것을 고수하려는 경향이 있습니다. 그러나 "모든 것을 선하게 만드신" 하나님께서 그 기술과 변화도 허용하셨다면, 우리가 해야 할 일은 그 기술을 신앙적으로 선하게 사용하고, 이를 통해 초대교회로부터 전해져 온 복음의 참된 고갱이를 다음 세대에게 온전히 전하는 것이 아닐까요.

AI가 인간의 언어를 모방할 수는 있겠지만, 사랑과 믿음의 대화를 대신할 수는 없습니다. 이 책은 그 진리를 따뜻하게 일깨워 줍니다. 기술의 시대 속에서도 말씀과 기도가 살아 있는 가정을 세우고 싶은 모든 이들에게, 기쁜 마음으로 이 책을 추천드립니다.

"AI 시대를 두려워하지 말라. 하나님은 여전히 가정 안에서 말씀하신다."

강윤식 장로
(평거중앙교회, 국립경상대학교 의과대학장)

AI는 음식의 향신료처럼 본래의 맛을 해치지 않으면서도 감칠맛을 더해 줍니다. 마찬가지로 AI는 가정예배에 새로운 감동과 풍성함을 더하는 도구가 될 수 있습니다. 이 책은 가정예배 속에 AI를 지혜롭게 접목할 수 있는 길을 제시합니다. 가정예배를 사모하지만 실제로는 어려움을 호소하는 많은 가정들에게, 이 책은 시대에 맞는 새로운 도전의 기회를 제공할 것입니다. 뿐만 아니라 목회 현장에서도 교인들을 위한 풍성한 말씀과 신앙교육의 가능성을 열어 줍니다. 이 책을 통해 많은 가정과 교회가 AI를 바르게 활용하여 가정예배의 기쁨을 회복하기를 소망합니다.

주금일 목사
(숭의초등학교 교목)

AI는 음식의 향신료처럼 본래의 맛을 해치지 않으면서도 감칠맛을 더해 줍니다. 마찬가지로 AI는 가정예배에 새로운 감동과 풍성함을 더하는 도구가 될 수 있습니다. 이 책은 가정예배 속에 AI를 지혜롭게 접목할 수 있는 길을 제시합니다. 가정예배를 사모하지만 실제로는 어려움을 호소하는 많은 가정들에게, 이 책은 시대에 맞는 새로운 도전의 기회를 제공할 것입니다. 뿐만 아니라 목회 현장에서도 교인들을 위한 풍성한 말씀과 신앙교육의 가능성을 열어 줍니다. 이 책을 통해 많은 가정과 교회가 AI를 바르게 활용하여 가정예배의 기쁨을 회복하기를 소망합니다.

임선주
(페이스튼 국제초등학교 교사)

차례

저자의 글 4
추천의 글 7

PART 01 왜 지금, 우리 집에 가정예배가 필요할까?

Chapter 1 성경 속 모든 믿음의 역사는 가정에서 시작되었다 20
❶ 구약의 믿음은 부모의 입에서 전해졌다 20
❷ 초대교회 부흥의 중심에도 가정이 있었다 22

Chapter 2 지금, 다시 가정이 교회가 되어야 할 때 27
❶ 교회 교육만으로는 다음세대를 살릴 수 없다 27
❷ 가정예배를 회복하면 생기는 변화들 32

PART 02 AI 시대, 가정예배는 어떻게 달라져야 할까?

Chapter 3 AI 시대, 무엇이 달라졌나 44

❶ 정보의 홍수 속에서 진위를 가려내는 분별력의 필요성이 급격히 커졌다 44

❷ 관계 단절이 심화되었다 47

❸ 정체성의 혼란이다 48

Chapter 4 AI 시대에도 변하지 않는 가정예배 51

❶ AI를 활용하면 얻게 되는 놀라운 유익 52

❷ AI를 활용할 때 이것만은 조심해야 한다 58

PART 03 처음 시작하는 사람도 따라할 수 있는 가정예배 매뉴얼

Chapter 5 우리집 가장 잘 맞는 시간 찾기 66

Chapter 6 15분이면 충분한 우리집 가정예배 기본 틀 만들기 70

Chapter 7 찬양, 말씀, 나눔, 축복'은 이렇게 하면 된다 76

❶ 찬양 76

❷ 말씀읽기 78

❸ 나눔 79

❹ 축복 81

PART 04 AI를 가정예배 동역자로 활용하기

Chapter 8 찬양 작곡부터 연주까지 AI가 가능하게 한다 93
　❶ AI로 찬양 작곡하기 94
　❷ 음원을 악보로 만들기 98

Chapter 9 아이의 눈높이에 맞는 말씀 해설, AI가 설명한다 100
　❶ AI를 활용한 '말씀 접근성 높이기' 101
　❷ AI를 활용한 '말씀해설 및 말씀읽기' 105
　❸ 팟캐스트 진행자 되어 말씀 나누기 106
　❹ AI를 활용한 말씀요약자료 만들기 108

Chapter 10 대화가 서툴러도 괜찮다, 질문은 AI가 도와준다 113
　❶ AI를 활용한 질문 제작하기 114

Chapter 11 시각자료와 놀이형 콘텐츠로 예배가 더 생동감 있다 117
　❶ AI를 활용한 시각자료 만들기 117
　❷ AI를 활용한 성경퀴즈만들기 120

Chapter 12 가정의 신앙 기록을 남기며
"우리 집 믿음의 역사"를 써 내려가라 125
- ❶ 영적 장점이 있습니다 125
- ❷ 관계적 장점이 있습니다 126
- ❸ 교육적 장점이 있습니다 126
- ❹ AI를 활용한 예배(나눔)기록하기 127

Chapter 13 AI 비교표 129
- ❶ 대화형/ 텍스트 생성형 AI 129
- ❷ 이미지 생성형 AI 130
- ❸ 동영상 생성형 AI 131
- ❹ 특화기능 생성형 AI 132

Part 1

왜 지금, 우리 집에 가정예배가 필요할까?

Chapter 1
성경 속 모든 믿음의 역사는 가정에서 시작되었다

❶ 구약의 믿음은 부모의 입에서 전해졌다

신명기의 가르침 - 가정 중심의 신앙교육

성경의 여러 곳을 통해 확인할 수 있듯 하나님은 개인·공동체 예배뿐 아니라 가정에서의 지속적 신앙교육을 명령하셨습니다. 그 대표적으로 말씀이 "오늘 내가 네게 명하는 이 말씀을 너는 마음에 새기고 네 자녀에게 부지런히 가르치며 집에 앉았을 때에든지 길을 갈 때에든지 누워 있을 때에든지 일어날 때에든지 이 말씀을 강론할 것이며"(신6:6-7) 입니다. 이 말씀은 단순한 교육 지침이 아니라, 하나님의 언약 백성이 일상 속에서 말씀을 나누며 가정이 신앙의 학교가 되어야 함을 선언한 것입니다. 부모가 하나님의 말씀을 자기 삶에 새기고, 자녀에게 반복적으로 가르치는 과정 자체가 곧 가정예배적 전통의 모습입니다. 신명기의 이 가르침은 이스라엘 신앙 공동체가 세대에서 세대로 믿음을 계승하는 가장 근본적인 방식이었습니다.

유월절 절기의 가족 중심 전승

출애굽기 12장은 이스라엘이 애굽을 떠날 때 지켜야 할 유월절 규례를 기록하고 있습니다. 하나님께서 출애굽을 하며 보여주셨던 유월절의 은혜를 기억하며 약속의 땅에 들어갔을 때 유월절을 지키라고 말씀하십니다. 너희가 유월절을 지킬 때 "너희 자녀가 묻기를 '이 예식이 무슨 뜻이냐' 하거든 너희는 이르기를 '이는 여호와의 유월절 제사라…'(출12:26) 유월절의 의미, 베풀어주신 하나님의 은혜를 전하며, 가르치라고 말씀하십니다. 유월절 사건은 단순한 역사적 기념일을 지키는 수준이 아니라 하나님의 구원을 다음 세대에 전하라는 명령이 실현되는 가정교육의 장이었습니다.

시편의 가정예배적 사용

시편은 이스라엘 공동체 전체의 예배에서 사용되었을 뿐 아니라, 가정과 일상에서 암송되고 노래되었습니다. 시편 78편 4-7절은 "여호와의 영광과 그가 행하신 기이한 일을 그들의 자녀에게 알게 하려 한다"고 선포하면서, 부모 세대가 자녀 세대에게 말씀과 구원의 역사를 전하는 것을 강조합니다. 시편은 개인과 가족 단위의 기도와 찬양으로 쓰였고, 이는 곧 가정예배의 형태를 보여줍니다. 또한 시편 128편은 "네 집 안방에 있는 네 아내는 결실한 포도나무 같으며, 네 식탁에 둘러 앉은 자식들은 어린 감람나무 같으리로다"라고 노래합니다. 이는 가정의 식탁과 일상이 하나님 앞에서의 예배적 공간이 될 수 있음을 상징적으로 보여줍니다.

잠언의 지혜 교육

잠언은 부모가 자녀에게 직접 전하는 교훈 형식으로 기록된 책입니다. "내 아들아, 네 아버지의 훈계를 들으며 네 어머니의 법을 떠나지 말라"(잠 1:8)는 말씀처럼, 지혜와 신앙은 가정에서 부모로부터 자녀에게 직접 전달되었습니다. 잠언의 교훈은 단순한 도덕 교육이 아니라, 하나님을 경외하는 삶을 가르치는 신앙교육이었습니다. 이는 곧 가정예배적 맥락에서 부모가 자녀에게 말씀을 전하는 역할을 강조합니다.

❷ 초대교회 부흥의 중심에도 가정이 있었다

기독교의 역사는 예배의 역사라고 할 수 있습니다. 그중에서도 초대교회의 가정예배는 오늘날 우리가 다시 회복해야 할 중요한 신앙 전통의 뿌리입니다. 주일예배 중심의 신앙생활이 자리 잡기 전, 그리스도인들은 삶의 공간인 가정에서 예배를 드리며 신앙을 지켜 나

갔습니다. 이러한 초대교회의 가정예배 모습은 오늘날 가정예배를 재발견하는 데 중요한 모범이 됩니다.

초대교회 예배의 공간: 성전에서 가정으로

사도행전은 초대교회 신자들의 예배 모습을 잘 보여줍니다. 사도행전 2장 46절은 "날마다 마음을 같이하여 성전에 모이기를 힘쓰고 집에서 떡을 떼며 기쁨과 순전한 마음으로 음식을 먹고"라고 기록합니다. 여기서 "집에서 떡을 떼며"라는 표현은 단순히 식사를 의미하는 것이 아니라, 예수님의 마지막 만찬을 기념하는 성찬의 행위를 포함한 예배적 행위를 가리킵니다.

당시 기독교는 아직 공인된 종교가 아니었고, 예루살렘 성전이나 유대 회당에서는 예수 그리스도를 구주로 고백하는 모임이 배척당할 수 있었습니다. 따라서 초대교회의 신자들은 자연스럽게 자신들의 집을 예배의 장소로 삼았습니다. 사도행전 12장 12절에서도 베드로가 감옥에서 풀려난 뒤 "마가라 하는 요한의 어머니 마리아의 집"으로 가니 여러 사람이 거기에 모여 기도하고 있었다고 전합니다. 집은 단순한 거주 공간이 아니라, 말씀을 배우고 성찬을 나누며 서로를 위로하는 작은 교회, 곧 가정교회의 역할을 했던 것입니다. 유세비우스는『교회사』에서 초대 그리스도인들이 공동체적 생활을 하며, 박해 시기에는 성전이나 회당 대신 집에서 모였다는 사실을 여러 차례 언급하고 있습니다.

로마시대 가정교회의 실제적 모습

역사적으로 볼 때, 1세기와 2세기의 그리스도인들은 로마 제국 전역에서 박해 속에 살아가야 했습니다. 큰 예배당이나 성전을 세울 수 없었기에, 가정이 곧 교회 건물이었습니다. 로마의 도무스(domus, 부유층의 대저택)나 인술라(insula, 다세대 주택)의 큰 방들이 자연스럽게 모임 장소가 되었고, 성찬식과 말씀 교육, 세례 준비 과정 등이 모두 그 공간에서 이루어졌습니다.

예를 들어, 고린도 교회의 경우 바울은 고린도전서 16장 19절에서 "아시아의 교회들이 너희에게 문안하고 아굴라와 브리스가와 그 집에 있는 교회도 주 안에서 너희에게 많이 문안하느니라"라고 말합니다. 여기서 "그 집에 있는 교회"라는 표현은 곧 브리스길라와 아굴라 부부의 집이 교회 공동체의 모임 장소였음을 보여줍니다.

이처럼 가정은 단순한 건물이 아니라, 교회 공동체를 세우는 핵심적 토대였습니다. 집에서 드리는 예배는 자연스럽게 가족 단위로 이루어졌고, 어린 자녀들까지 참여할 수 있었습니다. 부모는 말씀을 읽고 해석했으며, 아이들은 그 말씀을 듣고 체험하며 신앙을 배웠습니다.

가정예배의 교육적 기능

초대교회의 가정예배는 단순히 모여서 예배드리는 것을 넘어, 신앙 전승의 장이었습니다. 오늘날의 주일학교 교사와 같은 역할을 부모가 담당했습니다. 아이들은 부모와 공동체 어른들이 나누는 간증과 기도를 직접 들으며, 신앙이 삶 속에서 어떻게 작동하는지를 배웠습니다. 이는 오늘날 가정예배가 가지는 교육적 가치와 정확히 맞닿아 있습니다.

당시 기록들을 보면, 기독교 신앙은 글을 잘 모르는 평범한 사람들에게도 암송과 이야기를 통해 전승되었습니다. 성경 이야기를 부모가 들려주고, 시편을 함께 노래하며, 기도를 합심하여 드리는 가운데, 아이들은 자연스럽게 성경의 세계관을 내면화했습니다. 즉, 가정예배는 단순한 종교적 행위가 아니라, 다음 세대를 신앙으로 양육하는 가장 실제적인 교육 현장이었습니다.

구체적 사례: 디모데의 신앙교육

바울이 디모데를 언급하면서 "나는 그대의 거짓없는 믿음을 기억합니다. 그 믿음은 먼저 그대의 외할머니 로이스와 그대의 어머니 유니게에게 깃들어 있었는데, 그것이 그대에게도 깃들어 있음을 나는 확신합니다."(표준새번역, 딤후 1:5)라고 한 말씀은 초대교회의 가정 신앙교육을 잘 보여 줍니다. 디모데의 믿음은 교회의 프로그램이 아니라, 가정에서 어머니와 외조모가 들려준 말씀 교육과 신앙적 본보기를 통해 길러졌습니다. 이는 초대교회가 가정 안에서 어떻게 신앙을 계승했는지 보여주는 중요한 본문입니다.

결론적으로, 가정예배는 구약의 말씀 교육 명령과 신약의 집교회 전통에 모두 뿌리를 두고 있으며, 오늘날에도 신앙을 세대에 전승하고 가정을 작은 교회로 세우는 핵심적인 훈련으로 자리 잡아야 합니다.

Chapter 2
지금, 다시 가정이 교회가 되어야 할 때

❶ 교회 교육만으로는 다음세대를 살릴 수 없다

지금까지 한국교회는 그동안 성도들에게 '지역교회 건물과 회중 중심의 신앙생활'을 강조해왔습니다. 교회에서 열심히 예배하고, 기도하고, 봉사하고, 전도하는 것이 좋은 신앙의 모델로 제시했습니다. 이러한 목회방식은 교회와 회중 중심으로 모이고 활동하고 봉사하는 교인들이 많아질수록 교회는 성장했습니다.

이러한 신앙모델은 시간이 흐르며 개교회의 성장과 유지에 집중하며 성도들의 가정이 도구화되는 경향이 나타났고, 그 결과 개교회 중심적 목회는 성도들로 하여금 목회자 의존적 신앙형태를 형성하게 하였습니다. 성도들은 목회자가 주도하는 예배에 참석하고, 목회자가 주도하는 프로그램이나 행사에 참여하는 것이 신앙생활의 전부가 되어버렸습니다. 이로인해 가정에서 스스로 예배하고 기도하는 일상사역과 특별사명을 감당하는 일에 능동적인 책임과 의지를 발휘하지 못하는 문제점을 드러내고 있습니다. 그리스도께서 부여하신 만인제사장으로서의 사명과 역할을 강조하지 못하고 있으며, 실현하지 못하고 있습니다.[1] 결과적으로 목회자 의존형 신앙구조를 만들어냈고, 신앙의 하향평준화를 만들어내고 있습니다.

또한 주일학교 운동으로 인해 '교회학교'가 활성화 되며 어른예배와 주일학교 예배가 분리되고 부모님과 자녀들이 다른 말씀을 듣는 것이 당연하게 여겨지고 있습니다. 교육의 중심의 가정에서 교회로 옮겨지며 신앙교육을 위한 부모의 책임이 약화되어 부모들은 자녀들의 신앙교육을 소홀히 하게 되었습니다. 가정에서 부모들은 자녀가 어떤 말씀을 들었는지 알지 못하고, 어떻게 사는 것이 말씀대로 사는 것인지에 이야기 하지 않는 상황이 되어버렸습니다.

신앙교육은 일주일에 한두시간 교육을 하는 교회에 전가할 수 있는 문제가 아닙니다. 가정예배(가정신앙교육)은 성경말씀을 통해 확인하였듯 하나님의 말씀에 순종의 여부와 연관되는 것입니다. 그러나 애석하게도 현시대에는 가정에서의 신앙교육이 제대로 진행되지 않고 있음을 확인하게 됩니다. 3040세대의 신앙교육에 관한 조사 결과[2]에 따르면 3040세대들은 자녀의 신앙교육을 주도적으로 가르쳐야 할 대상을 부모라고 대답했지만 부모들은 자신들의 신앙도 확고하지 않고, 방법도 몰라서 가정에서 신앙교육을 하지 못하고 있음을 확인하게 됩니다. 더욱이 심각한 것은 50대보다 40대가 40대보다 30대가 자녀의 신앙교육을 위해 노력하고 있지 않음을 보게 됩니다.

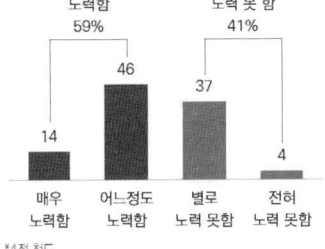

[그림] 자녀 신앙 양육을 위한 노력
(자녀 있는 응답자, %)

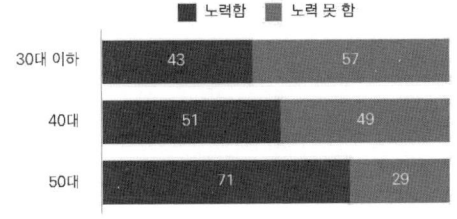

[그림] 연령별 자녀 신앙 양육을 위한 노력* (자녀 있는 응답자, %)

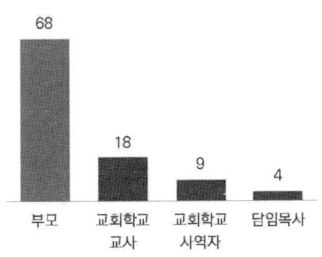

[그림] 자녀에게 신앙을 주로 교육할 주체
(자녀 있는 3040 개신교인, %)

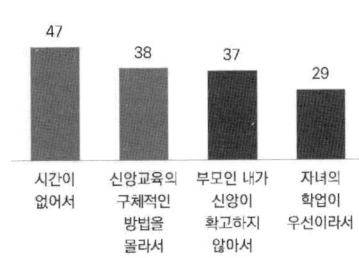

[그림] 자녀 신앙 교육의 걸림돌
(자녀 있는 3040 개신교인, 1+2순위, 상위 4위, %)

자녀의 신앙교육에 관심 있는 이들조차도 좋은 프로그램을 갖춘 중·대형교회를 찾아다니는 노력으로 그치는 경우가 많습니다. 이러한 행태는 결국 교회의 빈익빈 부익부 현상을 더욱 심화시키고 있습니다. 소형교회는 인적·물적 자원 유출로 다음 세대를 양육할 기반을 잃어가고, 대형교회는 상대적 우월감을 강화하며 신앙의 경쟁 구도를 고착화시키고 있습니다. 그 결과, 이러한 구조적 불균형은 한국교회 전체의 건강성을 해치고, 지역교회의 다양성과 균형 있는 발전을 저해하고 있습니다.

분명한 것은, 좋은 프로그램을 운영하는 교회를 찾아다니는 것만으로는 자녀 신앙교육이 완성될 수 없다는 점입니다. 좋은 프로그램을 진행하는 '큰 교회, 좋은 환경 속에 두었다는 안도감'으로 끝나는 신앙 소비적 태도가 한국교회에 깊이 뿌리내리고 있으며, 이는 반드시 극복되어야 할 문제입니다. 자녀 신앙교육의 본질은 화려한 프로그램이 아니라 가정에서의 신앙 전수에 있습니다. 크고 좋은 교회의 교육 프로그램보다 더 중요한 것은, 부모가 자녀와 함께 말씀을 읽고, 나누며, 말씀대로 살아가는 모습을 보여주는 것입니다. 바로 그 자리에서 다음 세대의 신앙이 자라고, 한국교회의 미래가 세워지는 것입니다.

3040 세대의 신앙교육 부진을 단순한 개인의 게으름으로 단정할 수는 없습니다. 장시간 노동·양육 부담·디지털 문화 확산 등의 구조적 요인과도 관련되어 있습니다. 그러기에 일방적으로 부모들에게 가정신앙교육의 책임을 전가하는 것이 아니라 부담 없이 가정예배를 드릴 수 있는 환경을 조성해줘야만 합니다.

아래의 표³를 통해 가정에서 예배드렸던 이들의 신앙성숙도가 그렇지 않은 이들보다 더 높은 신앙단계임을 확인하게 됩니다. 그런데 위에 표에서 보았듯 더 낮은 세대일수록 가정예배를 소홀히 하고 있습니다. 이 추세가 이어진다면 한국교회의 미래는 어떠할지 불 보듯 뻔합니다.

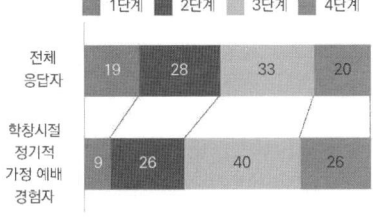

[그림] 학창 시절 가정예배 경험자의 신앙 수준
(전체 응답자와 비교, %)

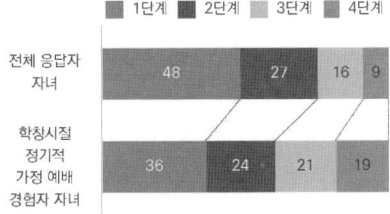

[그림] 학창 시절 가정예배 경험자의 자녀 신앙 수준
(전체 응답자 자녀와 비교, %)

따라서 지금이야말로 한국교회가 '가정 중심'의 신앙 회복으로 방향을 전환해야 할 시점입니다. 가정예배를 통한 말씀 묵상과 기도, 대화를 통해 부모와 자녀가 함께 신앙을 나누고 성장하는 문화가 회복되지 않는다면, 다음 세대는 신앙의 뿌리를 잃고 세속화의 물결 속에서 방황하게 될 것입니다.

가정예배는 단순한 종교 행사나 선택 사항이 아니라, 신앙의 세대 계승과 성숙을 위한 필수적인 영적 훈련입니다. 부모 세대가 먼저 책임을 자각하고, 자녀들과 함께 말씀 앞에 서는 습관을 세워 나갈 때, 한국교회의 미래는 다시금 건강하고 견고한 기초 위에 세워질 수 있습니다.

❷ 가정예배를 회복하면 생기는 변화들

첫째, 일차적 신앙교육 기관으로서의 역할의 회복

성경은 일관되게 가정이 신앙교육의 최초이자 핵심적인 기관임을 강조합니다. 구약에서 하나님은 부모에게 자녀교육의 책임을 맡기셨습니다. 신명기 6장6-7절은 "오늘 내가 네게 명하는 이 말씀을 너는 마음에 새기고 네 자녀에게 부지런히 가르치라"고 명령하면서, 가정의 일상적 삶 '집에 앉아 있을 때든, 길을 갈 때든, 누울 때든, 일어날 때든' 속에서 말씀을 전하라고 강조합니다. 이는 단순한 지시가 아니라, 가정 자체가 신앙교육의 중심지이며 학교가 되어야 한다는 성경적 선언입니다. 신명기뿐 아니라, 잠언의 교훈(잠언 22:6 "마땅히 행할 길을 아이에게 가르치라")과 시편의 전승 구조(시편 78:5-7 "그들의 자녀가 알게 하며") 역시 부모 세대가 자녀 세대에게 믿음을 계승하는 사명을 분명히 합니다.

그러나 현대 사회 속에서 많은 가정은 이 성경적 원리를 놓치고 있습니다. 신앙교육이 교회 주일학교나 각종 프로그램에만 맡겨지는 경우가 많습니다. 물론 교회의 교육은 매우 중요하지만, 주일에 단 1~2시간의 교육으로는 자녀의 신앙 형성을 충분히 감당할 수 없습니다. 학교 교육이나 학원 공부가 매일의 반복과 훈련을 통해 효과를 나타내듯, 신앙교육도 가정 속에서 일상의 호흡처럼 이어져야만 온전히 뿌리내릴 수 있습니다.

가정예배는 이러한 왜곡된 흐름을 되돌리는 실제적이고 구체적인 길입니다. 부모가 예배를 인도하며 말씀을 읽고 기도할 때, 자녀는 단순히 귀로 듣는 것을 넘어 눈으로 보고 삶으로 체험합니다. 이는 단순한 교훈 전달이 아니라, 삶으로 본을 보이는 교육입니다. 부모가 자신의 삶 속 경험을 나누며 하나님의 말씀과 연결하는 순간, 말씀은 추상적인 교리가 아니라 오늘을 살아내는 실제적 지혜로 전달됩니다. 이는 곧 자녀에게 가장 설득력 있는 교육이 됩니다.

더 나아가 가정예배는 자녀로 하여금 "신앙은 교회 건물 안에서만 존재하는 것이 아니라, 가정과 일상의 중심에 살아 있다"는 사실을 자연스럽게 체득하게 합니다. 부모와 자녀가 함께 찬양하고, 기도 제목을 나누며, 말씀 속에서 하루를 돌아보는 과정은 자녀의 마음속에 '신앙은 삶의 일부가 아니라 삶 전체'라는 깊은 인식을 심어 줍니다.

결국 가정예배는 단순히 한 주간의 의무적 의식을 치르는 것이 아니라, 성경이 말하는 신앙교육의 원형을 회복하는 자리입니다. 교회가 결코 대신할 수 없는, 부모와 자녀가 함께 믿음을 나누는 시간 속에서 가정은 다시금 "최초이자 최고의 신앙학교"로 세워질 수 있습니다. 이는 오늘날 교회 교육의 한계를 보완하고, 다음 세대를 신앙 안에서 든든히 세워가는 가장 확실한 길입니다.

둘째, 가족 모두의 신앙성숙

가정예배의 또 다른 유익은 온 가족이 함께 영적으로 성장한다는 것입니다. 그런데 애석하게도 주1회 이상 가정예배를 드리는 경우는 겨우 14%에 불과한 상황입니다.[4] 현재 한국교회는 가정과 교회의 신앙교육의 분리로 인해 가장 훌륭한 가정에서의 신앙성숙의 기회를 상실하고 있습니다. 우리는 이 위기의 상황을 직면하고, 가정예배를 통해 신앙의 성숙을 도모해야 합니다.

온 가족이 하나님을 경외하는 것을 지식의 근본으로 삼고 살아갈 때, 우리의 지성이 하나님의 말씀을 양식으로 삼을 때, 우리의 삶은 모든 면에서 성숙으로 나아가게 됩니다. 종종 가정예배는 자녀 신앙교육을 목적으로 생각하기 쉽지만, 사실 그것은 부모와 자녀, 혹은 세대가 함께 자라는 시간입니다. 부모 역시 가정예배를 통해 하나님의 말씀 앞에 자신을 점검하고, 기도를 통해 신앙의 깊이를 더하게 됩니다.

예를 들어, 가정예배 시간에 나누어진 성경 본문이 부모에게는 직장 문제나 인간관계에 대한 새로운 통찰을 줄 수 있고, 자녀에게는 학업과 친구 관계 속에서 하나님의 뜻을 구하는 길잡이가 될 수 있습니다. 서로의 기도제목을 나누고, 응답받은 간증을 함께 들으며, 가족은 하나님의 인도하심을 실질적으로 경험하게 됩니다. 이러한 경험은 가족 구성원 각자가 자신의 신앙을 더 성숙하게 세워 가는 계기가 되어 결과적으로 가정은 서로의 신앙을 책임지고 세워 주는 공동체가 됩니다.

가정에서 함께 정기적으로 성경을 읽고, 은혜를 나누고, 축복하는데 신앙이 성숙 되지 않을 수 없습니다. 가정예배를 드릴 때 영적 성장을 경험하고, 그리스도 안에서 성숙해지는 것은 당연한 결과입니다.

앞에서 확인하였듯이 가정예배를 드렸다고 말하는 이들의 신앙은 상대적으로 낮은단계의 신앙수준에 머물러 있는 이들이 적었고, 상대적으로 높은 신앙의 단계에 있는 이들이 많은 것을 볼 수 있습니다. 우리는 흔히 '신앙 성숙'을 거창한 훈련이나 프로그램에서 찾지만, 사실 그 시작은 가장 가까운 자리, 바로 가정이며, 가정예배를 통해 신앙성숙을 이룰 수 있습니다.

셋째, 가정예배를 통해 가족관계의 친밀도가 증가

가정예배는 가족의 정서적 유대와 친밀함을 깊게 합니다. 현대 사회는 각자의 방, 각자의 시간표, 각자의 디지털 기기로 인해 가족이 함께하는 시간이 극히 줄어들고 있습니다.

21년 교육기업 비상교육이 교육관련 커뮤니티 '맘앤톡' 회원을 대상으로 시행한 설문 결과에 따르면, 하루 평균 자녀와 나누는 대화시간이 어느 정도인지 부모에게 묻자 '30분 이상 1시간 미만'이라는 응답이 30.9%로 가장 많았습니다. 그 뒤를 이어 '10분 이상 30분 미만'(29.1%), '1시간 이상 2시간 미만'(22.0%), '2시간 이상'(11.9%), '10분 미만'(6.2%) 순으로 집계됐습니다. 즉 응답자의 66.2%가 자녀와 하루 평균 1시간이 안 되는 대화시간을 갖는 셈입니다.

같은 조사에서 '자녀와 대화가 잘 되지 않는다'고 답한 부모는 그 이유로 '스마트폰, 게임, TV 등에 시간을 뺏겨서'(33.6%)를 가장 많이 꼽았고, 이어 '서로 대화 방식이 달라서'와 '시간이 부족해서'가 각각 20%를 차지했고, 또다른 이유로는 '대화의 소재가 없어서'(10.4%), '자녀가 사춘기로 대화를 거부해서'(8.6%) 등이 있었습니다. 학부모들은 스마트폰과 게임, TV 등의 요소가 자녀와 대화를 방해하는 주요 원인으로 보고 있음을 확인할 수 있습니다. 이렇듯 대부분의 가정에서 자녀들과 제대로된 소통이 되지 않고 있습니다.

심지어 자녀들과 대화라고 말하는 내용의 주된 내용들도 학업에 관련된 부분들이 많기에 가족이 대화를 통해 감정과 사랑을 나누기보다는 정보를 전달하는 수준에 머물러 있습니다. 이러한 문제점을 인식하고 부모와 자녀들의 대화를 돕는 대화법, 열린질문에 관한 관심들도 높아지고 있고, 그에 따라 관련된 책들과 강의들을 주변에서 쉽게 찾을 수 있습니다.

그런데 이러한 모습은 이는 아래의 통계[5]에서 확인할 수 있듯 크리스천 가정에서도 동일하게 드러납니다. 크리스천 가정들에서도 자녀들과 대화의 내용이 세상적인 것에 머물러 있고, 이로인해 자녀들과 소통에 대한 어려움을 토로하고 있음을 추측할 수 있습니다. 그러기에 부모교육의 우선주제가 무엇이냐는 질문에 성도들은 '자녀와의 대화법, 부모역할교육'을 최고 우선과제로 여기고 있음을 확인할 수 있습니다.

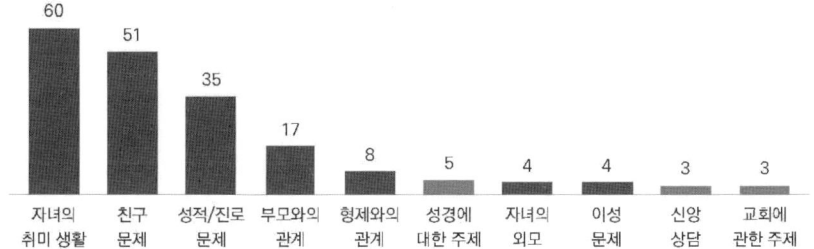

[그림] 자녀와의 대화 주제 (고등학교 이하 자녀 있는 기독교인, 1+2순위, %)

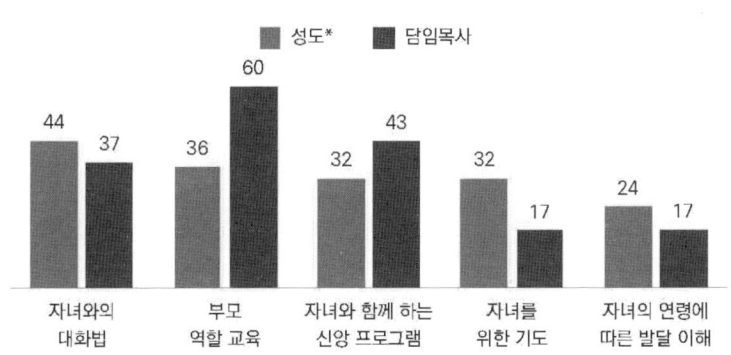

*고등학생 이하 자녀 있는 부모

제가 사역했던 경험을 되돌아보면 믿음 좋은 장로님, 집사님 가정에서 신앙생활을 제대로 하지 않는 자녀들을 종종 보았습니다. 자녀들이 신앙생활을 하지 않는데에는 여러가지 이유들이 있겠지만 대화를 통해 그 가정의 이야기를 들어보면 가정 내에서 자녀들과 많은 대화를 하지 않는다는 공통적인 특징을 찾을 수 있었습니다. 가정에서 대화의 절대적인 양도 부족하고, 그 대화의 내용도 세상적(학업)인 대화를 한다면 신앙이 전승되기 어렵습니다.

가정예배는 이러한 현실을 극복하게 하는 아주 좋은 방법입니다. 가정예배는 가족이 한자리에 모여 서로의 마음을 열고 대화하는 정기적인 시간을 만들어 줍니다. 예배 속에서 서로의 기도제목을 나누는 과정은 단순한 종교적 행위가 아니라, 서로의 삶의 무게를 함께 지고 가는 '공유의 시간'이 됩니다. 자녀가 학교에서 겪은 어려움을 말하면, 부모가 이를 위해 기도하고 위로하며, 부모가 직장에서의 고민을 나누면 자녀도 그 상황을 이해하며 기도하게 됩니다. 이런 영적 교제는 곧 정서적 친밀감으로 이어집니다. 또한 찬송을 부르고 성경을 읽는 동안, 가족은 서로의 목소리와 표정을 보며 한 팀처럼 느끼게 되고, 어려움 속에서도 서로를 지지하는 든든한 네트워크가 형성됩니다.

필자의 경우 가정에서 가정예배를 드리며, 부모로서 현재 겪고 있는 어려운 상황과 아버지로서 기도하고 있는 내용을 아이들이 이해할 수 있는 수준에서 나누고 기도를 부탁했습니다. 아이들은 부모의 솔직한 기도요청을 진지하게 경청하며, 함께 마음을 모아 기도

했습니다. 부모가 강인한 모습을 보이며 모든 문제를 스스로 책임지려는 태도는 존중받아야 하지만, 동시에 아이들도 가정의 한 구성원으로서 가정을 위해 기도할 수 있도록, 감당할 수 있는 범위 안에서 가정과 부모가 직면한 문제를 나누고 공유하는 것도 필요합니다. 이러한 대화와 기도를 요청하는 과정을 통해 자녀가 부모를 이해하게 하고, 부모도 자녀를 더 깊이 이해하게 하여, 서로의 마음을 나누고 소통하는 관계로 성장하게 만듭니다. 가정예배와 기도제목 나눔은 부모와 자녀의 관계뿐 아니라 부부의 관계까지도 회복시켜 줍니다.

필자가 다른 교회에서 가정예배에 관하여 강의를 하던 중 자녀들을 출가시킨 장로님 부부의 이야기를 듣게 되었습니다. 많은 가정이 그렇듯 저녁이면 TV앞에 앉아서 TV만 보고, 세상적인 이야기를 하는 것을 깨닫고 가정예배를 드리기로 마음 먹었다고 합니다. 처음에는 부부끼리 가정예배를 드리는 것이 어색했지만 어색한 시간을 극복하고 꾸준히 가정예배를 드리며 말씀을 들으며 깨달은 것, 말씀을 듣고 결단한 것, 기도제목을 나누고 함께 기도할 때 이전보다 부부사이도 더 좋아지는 경험을 했다는 고백을 듣기도 했습니다.

가정예배는 단순한 의식이나 전통이 아닙니다. 그것은 가정을 다시 신앙교육의 중심으로 회복시키고, 가족 모두의 영적 성숙을 돕는 동시에, 가족의 친밀함을 더하는 하나님의 선물입니다. 성경이 말하는 '가정은 작은 교회'라는 개념은 이 세 가지 유익 속에서 구체적으로 실현됩니다. 가정예배를 통해 하나님의 말씀은 거실과 식탁, 안방과 자녀 방에까지 스며들어, 가정의 공기를 거룩하게 바꿀 것입니다. 그렇게 세워진 가정은 세상 속에서도 믿음을 굳게 지키며, 다음 세대에 변치 않는 신앙의 유산을 남길 수 있습니다.

> **핵심정리**
>
> - **성경적 근거 위에 선 가정예배:** 구약에서는 신명기, 유월절 규례, 시편, 잠언을 통해 가정이 신앙교육의 중심임을 강조합니다. 신약과 초대교회 역시 집을 예배의 장으로 삼아 말씀·성찬·기도를 나누며 신앙을 전승했습니다. 즉, 가정예배는 구약과 신약 모두에 뿌리를 둔 성서적이고 전통적인 신앙 실천입니다.
> - **지금 가정예배가 필요한 이유:** 한국교회는 교회 중심·목회자 의존적 신앙 구조로 인해 가정의 역할을 약화시켰습니다. 부모 세대가 자녀 신앙교육을 제대로 감당하지 못하는 현실 속에서, 교회의 교육만으로는 세대 간 신앙 계승이 어렵습니다. 따라서 오늘날 교회 위기의 해답은 가정 중심 신앙교육의 회복, 곧 가정예배입니다.
> - **가정예배의 실제적 유익:** 가정예배는 ① 가정을 일차적 신앙교육 기관으로 회복시키고, ② 부모와 자녀가 함께 말씀과 기도를 나누며 온 가족의 영적 성숙을 돕고, ③ 정서적 대화와 기도 나눔을 통해 가족관계의 친밀함을 회복시킵니다. 이는 가정을 '작은 교회'로 세우는 실제적 길이며, 다음 세대에 신앙을 든든히 전수하는 토대가 됩니다.

1 최민수, "하나님나라 백성을 세우기 위해 지역교회와 협력하는 가정교회 교육목회에 관한 연구", 실천신학대학원대학교 박사학위논문 3-8쪽

2 목회데이터연구소 기독교 통계(233호)- 3040세대 신앙과 라이프스타일
목회데이터연구소 기독교 통계(231호)- 개신교인의 신앙 계승 실태

3 목회데이터연구소 기독교 통계(231호)- 개신교인의 신앙 계승 실태

4 목회데이터연구소 기독교 통계(231호)- 개신교인의 신앙 계승 실태

5 목회데이터연구소 기독교 통계(266호) - 한국교회 교육실태

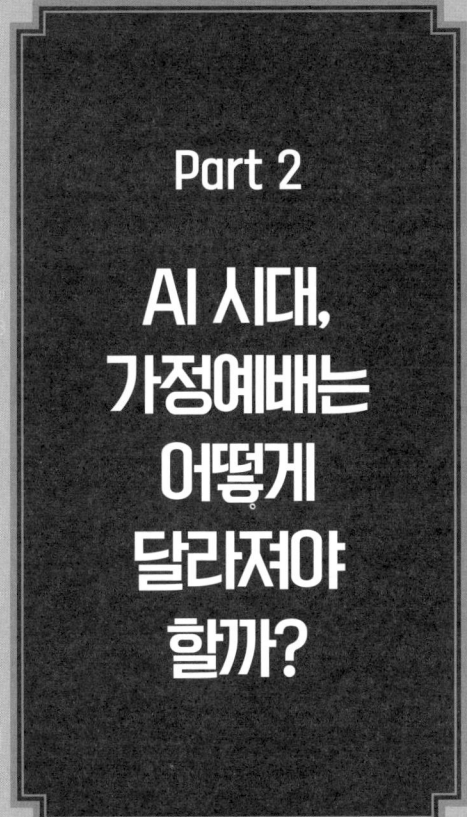

Part 2

AI 시대,
가정예배는
어떻게
달라져야
할까?

Chapter 3
AI 시대, 무엇이 달라졌나

21세기는 정보 혁명의 시대입니다. 스마트폰과 AI 기술은 이제 우리의 일상 깊숙이 들어와 있으며, 몇 번의 터치와 간단한 질문만으로 방대한 양의 정보를 즉시 얻을 수 있습니다. 불과 몇 년 전만 해도 불가능했던 기술이 이제는 너무 당연하게 느껴집니다. 그러나 이런 편리함 뒤에는 우리가 간과하기 쉬운 그림자가 있습니다.

❶ 정보의 홍수 속에서 진위를 가려내는 분별력의 필요성이 급격히 커졌다

AI 기술이 발전하면서 우리는 하루에도 수천, 수만 건의 정보를 접하게 됩니다. 스마트폰 화면을 켜는 순간부터 SNS, 유튜브, 뉴스, 광고, 그리고 AI가 생성한 콘텐츠까지, 수많은 정보가 우리의 생각과 감정을 끊임없이 자극합니다. 그러나 그 모든 정보가 '진리'이거나 '올바른 가치'를 담고 있는 것은 아닙니다.

AI가 만들어내는 문장들은 매우 논리적이고 그럴듯해 보이지만, 진리의 기준이 결여된 정보는 오히려 사람의 판단을 흐리게 만듭니다. 어떤 주제에 대한 AI의 설명이 사실처럼 들려도, 그것이 성경적 세계관에서 볼 때 '옳다'고 말할 수는 없습니다. '정보'보다 더 중요한 것은 '올바른 분별력'입니다. 이 분별력은 단순한 지식이 아니라 하나님의 말씀을 기준으로 세워진 가치판단의 힘입니다. AI는 방대한 데이터를 통해 인간보다 빠르게 분석하고 결론을 내릴 수 있습니다. 그러나 그 결론이 언제나 선하거나 정의롭지는 않습니다. AI는 '사실'을 다룰 수 있지만, '진리'를 알지 못합니다.

진리는 인간의 이성이 아니라, 하나님의 말씀 안에서만 온전히 드러나는 것이기 때문입니다(요 17:17 "아버지의 말씀은 진리니이다"). 따라서 AI 시대를 살아가는 자녀들은 '정보의 정확성'을 넘어서 '진리의 관점'으로 판단할 수 있는 영적 기준이 필요합니다. 그런데 이러한 기준은 학교나 인터넷에서 배울 수 있는 것이 아닙니다. 가정에서 부모를 통해 신앙적으로 길러지는 것입니다. 부모가 말씀을 기준으로 세상을 바라보는 태도를 보여줄 때, 자녀는 AI가 제공하는 수많은 정보 속에서도 무엇이 옳고 무엇이 하나님이 기뻐하시는 길인지를 분별할 수 있게 됩니다.

가정예배는 바로 이 '분별력'을 훈련하는 자리입니다. 단순히 말씀을 읽는 시간에 그치지 않고, "이 말씀은 오늘 우리의 선택과 어떤 관련이 있을까?" "세상이 말하는 가치와 하나님의 말씀은 어떻게 다른가?"를 함께 묵상하고 대화하는 과정 속에서, 자녀는 정보를 진리의 빛 아래에서 해석하는 눈을 얻게 됩니다.

예를 들어, 학교나 인터넷에서 접하는 '성공', '행복', '자유'에 대한 메시지와 성경이 말하는 가치의 차이를 가족이 함께 나누며 토론할 때, 자녀는 세상의 정보가 주는 달콤한 말들 속에서도 하나님의 뜻을 분별하는 기준을 배워갑니다. 결국 AI 시대의 핵심 교육은 '정보를 얼마나 아느냐'가 아니라, '어떤 기준으로 판단하느냐'에 달려 있습니다.

AI는 데이터의 방향을 제시할 수 있지만, 인생의 방향은 제시할 수 없습니다. 그 방향은 오직 하나님의 말씀을 붙든 부모와 함께 드리는 예배의 자리에서 배워집니다. AI는 진리를 흉내 낼 수 있지만, 진리 그 자체는 아닙니다. 그래서 바로 지금, 정보의 홍수 속에 사는 우리의 자녀에게 가장 시급한 것은 '새로운 기술'이 아니라, 진리를 분별할 수 있는 영적 눈이며, 그 눈은 말씀 중심의 가정예배를 통해 열리게 됩니다.

❷ 관계 단절이 심화되었다

디지털 네이티브 세대는 친구를 만나도 스마트폰 화면을 함께 보는 경우가 많고, 부모와 자녀가 한 공간에 있어도 각자 다른 화면을 바라보며 대화를 최소화합니다. 디지털 몰입으로 인해 오늘날 부모와 자녀는 같은 공간에 있어도 각자 스마트폰, 태블릿, 컴퓨터 화면 속에 몰입해 있습니다. 저녁 식탁에서도 대화 대신 영상 시청이나 메신저 대화에 집중하는 모습이 자연스러워졌습니다. 결과적으로 '함께 있는 시간'은 늘어도 '함께하는 경험'은 줄어듭니다. 분명 물리적으로는 동거하고 있지만 심리적 거리는 더 멀어지고 있습니다.

관계 단절이 가져오는 위험은 가정에서의 영적 대화 부재는 곧 신앙 전승의 약화를 의미합니다. 성경은 가정이 신앙교육의 1차적 장이라고 강조합니다(신 6:6-7). 그러나 관계 단절이 심화되면 부모는 자녀의 내면세계를 잘 모르게 되고, 자녀는 신앙과 삶의 문제를 가족보다 온라인 커뮤니티나 AI에게 묻게 됩니다. 이로 인해 성경적 분별력과 영적 습관 형성이 지연됩니다.

가족 안에서 영적·정서적 대화가 줄어드는 것은 곧 신앙 전승의 약화를 의미합니다. 관계 단절은 단순히 대화 시간이 줄어드는 것을 넘어, 정서적 유대와 가치관의 공유가 약화되는 현상을 의미합니다. 특히 가정 안에서의 관계 단절은 다음 세대의 신앙과 인격 형성에 직접적인 영향을 미칩니다. 디지털 환경은 다양한 가치관과 세계관을 무차별적으로 노출시킵니다. 가정에서 성경적 가치관을 충분히 나누지 못하면, 가치관 전수의 단절로 이어지며 자녀는 자연스럽게 온라인 콘텐츠의 가치관을 내면화하게 됩니다. 세대 간 언어와 관심사의 격차가 확대되었습니다. AI와 디지털 문화 속에서 성장한 자녀세대는 짧고 직관적인 소통을 선호하지만, 부모 세대는 보다 깊고 서사적인 대화를 선호하는 경우가 많습니다. 이런 차이는 서로의 관심사를 공유하는 데 어려움을 만들고, 공통 주제가 줄어드는 결과를 낳습니다.

❸ 정체성의 혼란이다

AI 시대는 빠른 답, 즉각적 만족을 추구하는 문화를 강화합니다. 그러나 정체성은 단기간에 형성되지 않으며, 꾸준한 가치관 학습과 경험이 필요합니다. 즉, 속도 문화와 정체성 형성 과정 사이에 근본적 긴장이 존재합니다. AI와 미디어는 다양한 가치관과 생활방식을 무차별적으로 제시합니다.

성경적 가치관을 가진 아이도 하루종일 세상의 가치에 노출되면 혼란을 겪기 쉽습니다. "나는 누구인가?", "무엇이 옳은가?"라는 근본적 질문에 대한 답을 성경에서 찾지 못하면, 세상이 제시하는 일시적이고 불완전한 기준을 따르게 됩니다.

성경은 우리 존재의 근거를 "하나님의 형상"(창 1:27)에 둡니다. 그러나 정체성 혼란 속에서는 이 근거가 약화되며, 세상의 기준에 따라 자아를 정의하려는 경향이 강해집니다. 그 결과, 이러한 현실 속에서 가정예배는 단순히 '하루의 의식'이 아니라, 가족 전체가 하나님 안에서 다시 방향을 맞추는 나침반이 됩니다. AI 시대라는 거대한 변화 속에서 가정예배는 가족을 연결하고, 말씀과 기도를 통해 세상 속에서 흔들리지 않는 중심을 세우는 역할을 합니다.

AI 시대의 정체성 혼란은 단순히 청소년기의 흔들림이 아니라, 신앙과 세계관의 근간을 위협하는 문제입니다. 가정예배는 그 혼란 속에서 "나는 누구인가?"라는 질문에 대해, "나는 하나님의 자녀"라는 변하지 않는 답을 심어주는 거룩한 장입니다. AI를 선하게 활용하면, 그 답을 더욱 구체적이고 실질적으로 다음 세대의 마음에 각인시킬 수 있습니다.

AI시대의 가정예배는 단순한 과거의 재현이 아닙니다. AI라는 새로운 도구를 활용하여 신앙교육의 깊이와 범위를 확장할 수 있습니다. 예를 들어, AI는 성경 본문에 맞는 어린이 맞춤 해설을 제공하거나, 가족 구성원 각각의 관심사에 맞춘 적용 질문을 제안할 수 있습니다. 또한 예배 후 나눈 내용을 자동으로 기록·정리하여 '가족 신앙일기'로 남길 수 있습니다. (자세한 내용은 Part 4에서 다루고 있습니다.)

무엇보다 중요한 점은, AI 시대에는 신앙적 분별력이 필수라는 것입니다. 가정예배는 그 분별력을 기르는 훈련장이며, AI는 이를 돕는 조력자가 될 수 있습니다. 결국 가정예배는 AI 시대의 가치관 혼란 속에서 하나님 나라의 세계관을 심고, 다음 세대가 흔들리지 않도록 세워주는 영적 방파제 역할을 하게 됩니다.

이처럼 가정예배는 단순한 전통이 아니라, 오늘날 가정이 시대적 도전에 맞서 설 수 있는 영적 기반입니다. 다음 장에서는 가정예배가 실제로 우리 가정에 주는 변화와 유익을 살펴보겠습니다.

Chapter 4
AI 시대에도 변하지 않는 가정예배

오늘날 우리는 AI 시대라는 새로운 환경 속에 살고 있습니다. 인공지능은 학습, 업무, 소통, 오락에 이르기까지 우리의 삶 전반에 깊숙이 스며들었습니다. 다음 세대는 태어날 때부터 AI를 접하는 디지털 네이티브로 자라지만, 기술 사용의 편리함에 익숙해지는 것과 올바르고 책임 있게 활용하는 것은 전혀 다른 문제입니다. 바로 이 지점에서 가정예배는 AI 시대에 더욱 중요한 의미를 갖습니다.

AI 시대에는 정보량이 폭발적으로 증가하고, 그 정보의 가치 판단과 진리 분별이 더 어려워집니다. 이때 성경적 가치관은 부모가 먼저 심어주어야 합니다. AI는 '데이터'는 줄 수 있어도, '마땅히 행할 길' 즉 가치·도덕·신앙의 방향을 제시할 수 없습니다. 이는 부모의 역할이며, 성경적으로 하나님이 부모에게 위임하신 책임입니다. AI

시대의 가정예배(가정신앙교육)는 단순히 지식 전달이 아니라, 신앙·가치·인격을 세우는 영적 토대를 놓는 일입니다. AI는 가정교육을 대체할 수 없으며, 오히려 AI 시대일수록 가정이 진리의 나침반이 되어야 합니다.

부모가 말씀을 붙잡고 가정에서 신앙과 사랑, 삶의 기준을 전수할 때, 자녀는 정보의 홍수 속에서도 방향을 잃지 않고 살아갈 수 있습니다. 부모와 함께 하는 가정예배(가정신앙교육)와 대화는 자녀가 하나님의 형상(창 1:27)으로 자신을 이해하고, 세상 속에서 길을 잃지 않도록 도와줄 것이라고 확신합니다.

AI 시대의 가정예배는 단순히 AI기술을 활용하는 예배를 드리자는 것이 아닙니다. 신앙과 기술을 통합적으로 이해하고 바르게 적용하는 훈련의 장이 될 수 있습니다. 이는 다음 세대가 급변하는 디지털 환경 속에서도 흔들리지 않는 가치관을 가지고, AI를 선하게 활용하여 하나님 나라의 가치를 확장하는 삶을 살게 하는 기반이 될 것입니다.

❶ AI를 활용하면 얻게 되는 놀라운 유익

오늘날 AI는 교육, 의료, 산업, 예술 등 다양한 분야에서 이미 필수적인 도구로 자리 잡고 있습니다. 그러나 신앙의 영역, 특히 가정예배와 같은 영적 활동에 AI를 어떻게 접목할 것인가에 대해서는 여전히 조심스러운 시선과 의문이 공존합니다. 일부는 AI를 '영적인 방해물' 혹은 '세속적 산물'로만 바라보며 멀리하려 하고, 다른 일부는 무분별하게 의존하여 모든 것을 대체하려는 경향을 보입니다.

그러나 AI는 하나님을 대신하는 존재가 아니라, 하나님의 말씀을 더 깊이 이해하고, 가정예배를 풍성하게 만드는 '도구'로 사용될 수 있습니다. 올바른 분별력과 신앙적 기준을 세운다면 AI는 가정에서의 신앙교육과 예배에 놀라운 가능성을 열어줍니다.

말씀 접근성이 확대된다

과거에는 성경의 원어(히브리어·헬라어) 해석이나 당시의 역사·문화적 배경을 이해하려면 목회자나 성경학자들이 쓴 주석서를 찾아보고, 관련 자료를 비교·연구하는 데 많은 시간과 노력이 필요했습니다. 하지만 AI를 활용하면 몇 초 만에 원어 해설, 다양한 성경 번역 비교, 역사·문화적 배경, 관련 본문 연결까지 이해하기 쉽게 정리된 자료를 얻을 수 있습니다.

예를 들어, 가정예배 중 한 구절을 읽다가 아이가 "이 단어가 무슨 뜻이에요?"라고 물었을 때, AI는 즉시 원어 의미와 배경 설명을 제공할 수 있습니다. 또 성경의 지명이나 인물에 대해 시각 자료(지도, 가계도, 시대별 상황)까지 함께 보여주어, 말씀 이해를 한층 돕습니다. 물론 여기에는 중요한 전제가 있습니다. AI를 '진리의 근원'으로 신봉해서는 안 됩니다. 또한 잘못된 정보나 오류 가능성을 줄이기 위한 질문법(프롬프트 기술)과 검증 과정이 반드시 필요합니다. (프롬프트 작성기술은 PART 4에 기록해놓았습니다.)

창의적인 예배 자료제작을 통한 맞춤형 신앙교육이 가능해진다

가정예배를 드리다 보면, 가족 구성원들의 나이, 신앙 수준, 이해도가 모두 다르기 때문에 한 가지 방식으로만 진행하면 지루해질 수 있습니다. AI는 이런 부분에서 큰 장점을 발휘합니다.

- **맞춤형 설교 요약**: 어린 자녀에게는 그림과 비유를 중심으로, 청소년에게는 토론할 만한 질문과 현실 적용 포인트를 제공한다.
- **창의적 자료 제작**: 예배 주제에 맞춘 이미지, 파워포인트, 퀴즈, 역할극 대본, 찬양 가사 까지 자동으로 생성한다.
- **참여형 예배**: 단순히 부모가 자료를 준비하는 것을 넘어, 자녀들이 직접 AI를 활용해 찬양 PPT를 만들거나 성경 퀴즈를 진행하고, 그림 이야기 발표를 하도록 연결한다.

과거에는 이런 자료를 직접 제작하거나 인터넷에서 찾기 위해 많은 시간을 들여야 했기 때문에, 가정예배가 획일적인 형식에 머물거나 각 사람의 필요에 꼭 맞춘 자료를 제공하기 어려웠습니다. AI는 이런 한계를 극복해, 작은 노력으로도 풍성하고 다양한 예배 경험을 가능하게 합니다.

분별력 있는 AI사용 습관을 형성하게 한다

AI시대를 살아가는 아이·청소년들은 이미 학교와 사회에서 AI를 접하고 있습니다. 그렇기에 가정예배에서 AI를 올바르게 활용하는 경험은 단순한 자료 제공 이상의 의미를 가집니다.

AI는 무조건 경계해야 할 '세상의 유혹'은 아니지만, 그렇다고 무분별하게 사용해서도 안 됩니다. 가정예배 속에서 AI를 사용하면, 신앙과 기술이 경쟁 관계가 아니라 협력 관계임을 경험하게 됩니다. 이를 통해 자녀들은 다음과 같은 기준을 세울 수 있습니다.

- AI를 '창조주 하나님'을 대신하는 존재로 보지 않기
- AI가 제시하는 정보는 성경과 교회 공동체의 검증을 거쳐 수용하기
- 기술을 신앙의 도구로 활용하되, 신앙생활의 주체는 항상 사람과 하나님과의 관계임을 기억하기

이러한 경험은 자녀들이 세상에서 AI를 사용할 때 분별력 있는 기준점을 제공하며, 시대적 도구를 하나님의 영광을 위해 사용할 수 있는 영적·지적 감각을 길러줍니다.

결론적으로 AI는 단순히 '편리한 기술'이 아니라, 가정예배와 신앙교육의 새로운 가능성을 열어주는 시대적 기회입니다. 우리가 AI를 하나님보다 더 의지하지 않고, 신앙적 분별력을 가지고 활용할 때, AI는 말씀을 더 깊이 배우고, 가족 간 신앙 대화를 풍성하게 하며,

창의적 예배 문화를 만들어갈 수 있습니다. 가정예배 속 올바른 AI 활용, 사용의 방향과 목적을 하나님께 맞춘다면, AI는 단순한 프로그램이 아니라 하나님 나라 확장을 돕는 도구가 될 수 있습니다.

AI 리터러시를 높여준다

리터러시(literacy)라는 말은 단순히 글을 읽고 쓸 수 있는 능력을 넘어, 정보를 이해하고 활용하여 사회 속에서 효과적으로 소통할 수 있는 역량을 뜻합니다. 즉, '문해력'은 오늘날 지식 사회에서 살아가기 위한 기본적인 힘이라 할 수 있습니다. 그런데 현대 사회는 디지털 환경이 일상화되면서, 단순한 문자 해독 능력에 머물지 않고 디지털 기기와 기술을 비판적으로 이해하고 활용하는 능력, 곧 디지털 리터러시가 더욱 중요해졌습니다. 디지털 리터러시는 단순히 기계를 다룰 줄 아는 것이 아니라, 정보를 선별하고, 기술의 작동 원리를 이해하며, 창의적으로 활용하는 능력을 포함합니다.

그리고 이제는 인공지능이 빠르게 발전하며 생활 전반에 깊숙이 들어오면서, AI 리터러시가 새로운 필수 역량으로 떠오르고 있습니다. AI리터러시는 합의된 정의가 명확한 것은 아니지만 학자들의 여러의견을 종합해 볼 때 "AI를 이해하고, 활용하며, 비판적으로 평가할 수 있는 종합적 능력"을 뜻합니다. 김용성은 자신의 책『AI 리터러시』(2025, 프리렉)에서 AI 리터러시의 다섯 가지 핵심 영역으로 설명합니다.

① 프롬프트 엔지니어링

② AI 활용 문제 해결

③ AI에 대한 비판적 사고

④ AI 윤리와 사회적 영향

⑤ AI와 데이터 이해

가정예배 속에서 AI를 활용하는 것은 이 다섯 영역을 가장 자연스럽고 안전한 환경에서 훈련할 수 있는 기회가 됩니다.

- **프롬프트 엔지니어링:** 자녀들이 찬송가를 요청하거나 성경 본문을 요약해 달라고 질문하는 과정에서, 원하는 답을 얻기 위한 '질문 설계 능력'을 배웁니다.

- **AI 활용 문제 해결:** 예배 자료를 준비하며 영상·이미지·해설을 만들어가는 과정 속에서, 실제 문제 상황에 AI를 도구로 적용하는 훈련이 됩니다.

- **AI에 대한 비판적 사고:** AI가 생성한 결과를 가족이 함께 검토하고 수정하며, AI를 맹신하지 않고 올바르게 활용하는 균형 잡힌 태도를 기릅니다.

- **AI 윤리와 사회적 영향:** 가정예배라는 공동체적 자리에서 AI 사용의 바람직한 방향과 책임, 그리고 신앙적·윤리적 기준을 함께 나눕니다.

- **AI와 데이터 이해:** 찬송가 악보나 말씀 자료가 어떻게 디지털 데이터로 변환되고 AI가 이를 활용하는지 이해하면서, 기술의 기본 원리를 간접적으로 배우게 됩니다.

따라서 가정예배에 AI를 활용하는 일은 단순히 신앙생활을 풍성하게 하는 차원을 넘어, 자녀들이 미래 사회에서 반드시 필요한 AI 리터러시를 가정 안에서 자연스럽게 익히도록 돕는 길이 됩니다. 안전하고 따뜻한 예배라는 맥락 속에서 AI를 경험할 때, 아이들은 기술을 긍정적이고 창조적으로 다루는 능력을 배우며 미래를 준비하게 되는 것입니다.

이제, 다음 장에서 이러한 본질과 유익이 실제 삶에서 어떻게 구현되는지, 그리고 AI를 어떻게 도구로 활용할 수 있는지 실천 방법을 알아보겠습니다.

❷ AI를 활용할 때 이것만은 조심해야 한다

AI를 활용한 가정예배는 말씀 묵상과 예배를 한층 풍성하게 만드는 유익한 도구가 될 수 있습니다. 찬송가 반주, 말씀 배경 설명, 시각 자료 제작 등에서 AI는 분명히 도움을 줄 수 있습니다. 그러나 AI는 어디까지나 보조적 도구일 뿐이며, 가정예배의 본질과 중심을 대신할 수는 없습니다. 예배의 중심은 언제나 하나님이시며, 예배의 주체는 성령의 충만함 가운데 임하는 가족 구성원입니다. 따라서 기술은 예배를 더 잘 섬기기 위해 사용되어야 하지, 예배 자체를 대체하는 자리에 놓여서는 안 됩니다.

또한 AI가 제공하는 정보는 편리하지만, 비판적 분별이 필요합니다. AI는 방대한 자료를 바탕으로 답변을 생성하지만, 그 출처가 항상 신학적으로 정통하거나 성경적으로 균형 잡혀 있지는 않을 수 있습니다. 그러므로 AI가 제시하는 내용을 그대로 수용하기보다는, 성경 본문과 교회의 신앙 전통 속에서 확인하고 점검하는 과정이 반드시 필요합니다.

특히 자녀들과 함께 예배할 때는, AI를 신앙교육의 주체로 오해하지 않도록 지도해야 합니다. AI가 도와주는 설명이나 자료가 유익할 수 있으나, 말씀을 해석하고 삶에 적용하는 최종적인 가르침은 부모의 신앙적 모범과 나눔을 통해 이루어져야 합니다. 그렇지 않으면 자녀들이 신앙을 '기술에 의존하는 지식'으로만 이해하고, 인격적인 하나님과의 만남이라는 본질을 놓칠 위험이 있습니다.

마지막으로, 과도한 의존을 경계해야 합니다. 가정예배는 본질적으로 하나님께 드리는 경배와 가족 간의 영적 교제를 위한 자리입니다. AI가 예배 순서나 자료 준비를 돕는 것은 좋지만, 기도나 찬양, 간증과 같은 실제적인 신앙 행위는 오직 성령 안에서 가족이 직접 참여해야 합니다. AI는 예배를 돕는 '도구'로서 유익하지만, 결코 예배의 주인공이 될 수는 없다는 점을 늘 기억해야 합니다.

[AI를 활용한 가정예배 주의사항 체크리스트]

• 예배의 중심을 분명히 할 것

① 예배의 주인은 하나님이시며, 주체는 성령 충만한 가족 구성원임을 기억할 것

② AI는 어디까지나 '보조 도구'일 뿐, 예배의 본질을 대신할 수 없음

• 비판적 분별력을 가질 것

① AI가 제공하는 정보의 신학적 정통성·성경적 균형을 반드시 점검할 것

② 출처와 신뢰도를 확인하고, 교회 전통과 말씀 속에서 해석할 것

• 부모의 신앙적 역할을 지킬 것

① 자녀들에게 AI가 '신앙의 주체'가 아니라 단순한 학습 도우미임을 분명히 알려줄 것

② 말씀 해석과 삶의 적용은 부모의 신앙 나눔과 모범을 통해 이뤄져야 함

• 과도한 의존을 피할 것

① 기도, 찬양, 간증, 나눔 등은 가족이 직접 참여해야 함

② AI가 순서 준비와 자료 제작을 도울 수 있으나, 영적 교제와 만남은 오직 성령 안에서 이루어져야 함

• 신앙을 기술적 행위로 환원하지 말 것

① AI는 지식·자료를 제공할 수 있지만, 하나님과의 인격적 만남은 대체 불가

② 자녀들에게 신앙이 '정보'가 아닌 '삶과 관계'임을 강조할 것

핵심정리

- **AI 시대 속에서 가정예배의 필요성:** 정보 과잉, 관계 단절, 정체성 혼란이라는 시대적 도전 속에서, 가정예배는 자녀에게 성경적 가치관과 방향성을 심어주는 영적 나침반이 된다.
- **AI를 활용한 가정예배의 유익:** 말씀 접근성을 넓히고, 맞춤형 자료 제작을 가능하게 하며, 가족 참여형 예배를 풍성하게 한다. 동시에 AI 사용을 통해 분별력 있는 신앙·기술 활용 습관을 기를 수 있다.
- **AI를 활용하여 가정예배를 드릴 때 주의점:** AI는 예배를 돕는 '도구'로서 유익하지만, 결코 예배의 주인공이 될 수는 없다는 점을 늘 기억해야 한다. 실제적인 신앙 행위는 오직 성령 안에서 가족이 직접 참여해야 한다.

Part 3

처음 시작하는 사람도 따라할 수 있는 가정예배 매뉴얼

가정예배는 단순히 교회예배와 동일한 예배형식으로 집에서 반복하는 것이 아닙니다. 주일예배가 하나님께 드리는 공적 예배라면, 가정예배는 가족 안에서 하나님의 은혜와 사랑을 나누고 서로의 삶을 세워주는 시간입니다.

신앙교육학자 웨스터호프 3세(John Westerhoff Ⅲ)는 신앙이 발달하는 과정에서 '공동체 안에서의 경험'이 핵심이라고 강조합니다. 그는 신앙을 단순한 지식 습득이 아니라, 신앙공동체의 삶에 참여하며 자연스럽게 형성되는 살아 있는 관계로 보았습니다. 가정은 가장 작은 신앙공동체이며, 그 안에서 이루어지는 예배는 다음 세대가 믿음을 배우고, 경험하고, 전수받는 핵심 장입니다.

따라서 가정예배의 목적은 '설교 중심의 형식적인 반복'이 되어서는 안됩니다. 교회예배의 반복이 될 경우 오히려 부작용이 더 클 가능성이 높습니다. 필자의 경우 주일예배 말씀을 중심으로 가정예배를 드리지만 단순한 반복이 아닌 주일설교 말씀을 가지고, 삶 속에서 하나님의 은혜를 발견하고, 사랑을 나누는 경험을 만드는 예배를 드리려고 합니다. 이것을 통해 자녀들에게 '신앙이 생활의 일부'라는 인식을 심어주고, 부모에게도 서로를 신앙적으로 돌보는 기회를 제공합니다.

그리고 가장 중요한 것은 예배에 대한 부정적 이미지가 생기지 않도록, 예배가 강요처럼 느껴지지 않도록 편안하고, 행복한 경험이 되도록 주의해야 합니다. 특히 예배에 집중하지 않고, 다른 행동을 하는 자녀들에게 부정적인 반응을 하지 않도록 주의해야 합니다.

필자의 경우에도 초등학생 아이들과 가정예배를 드리면서 아이들이 집중하지 않는 모습을 보고 꾸짖거나 질책하고 싶은 마음이 들기도 했습니다. 그러나 최대한 그 감정을 억제하며 인내했습니다. 자녀들에게 내 시선이 뺏기는 것이 아니라 내가 먼저 하나님께 집중했고, 눈물을 흘리며 찬양하고 기도하는 모습을 보며 아이들도 자연스럽게 예배에 집중하는 모습을 보였습니다.

아마 많은 가정의 경우 가정예배를 처음 드리시면 어린자녀들이 예배에 바른자세로 참여하지 않을 가능성이 높습니다. 그때에 화를 내버리면 다음부터 가정예배를 드리는 것이 쉽지 않을 것입니다. 화내고 싶은 마음을 잠깐 내려놓으시고, 부모님들이 먼저 예배에 집중하시면 됩니다. 그렇게 할 때 가정에 예배하는 문화가 정착되고, 하나님의 은혜를 경험하는 시간이 되실 것임을 확신합니다.

Chapter 5
우리집 가장 잘 맞는 시간 찾기

가정예배의 첫걸음을 내딛으며 먼저해야 할 것은 가족이 함께 가정예배 시간을 정하는 것입니다. 가정예배를 드릴 때 여러 가지 유익이 있음을 알고, 드리고 싶은 마음도 있지만 현시대를 살아가는 많은 사람들이 물리적 시간의 부족함으로 호소하며 가정예배를 드리기 힘들어합니다. 심지어 가족구성원들이 같이 식사를 하는 것도 쉽지 않은 상황에서 가정예배를 드린다는 것이 너무 이상적이며 현실감이 부족한 이야기로 들릴 수 있음을 충분히 이해합니다. 그렇지만 그 부담을 뛰어넘고 작정할 때 큰 유익이 있습니다.

물론 매일 가정예배를 드리는 것이 가장 좋습니다. 그러나 그것이 매번 정형화되어 있는 형태일 필요는 없습니다. 매일 아침 등교, 출근 전 잠깐 모여 가족이 기도로 하루를 시작할 수 있습니다. 혹은 잠자기 직전 기도로 하루를 마무리해도 좋습니다. 매일 기도로 하루를 시작하고, 마무리하며 우리 가정을 하나님께 맡겨드리는 것을 생활화하고 주1-2회 정도 정형화된 순서에 따라 가정예배를 드리신다면 큰 부담없이 가정예배를 시작하실 수 있습니다. 필자의 가정의 경우 아침 등교 전에 기도로 하루를 시작하고 자기 전 기도로 하루를 마무리합니다. 가족회의를 통해 토요일 오전에 함께 모여 주일날 나눈 말씀을 가지고 예배형식을 갖춰 가정예배를 드리고 있습니다.

가정예배를 드리는 시간은 일방적인 통보가 아닌 가족회의를 통해서 모두가 예배에 집중하기 좋은 시간을 선정하는 것이 좋습니다. 부득이한 일들로 인해 다시 가족회의를 통해서 예배시간을 변경하지 않는 한 정해진 시간은 최대한 지키는 것이 좋습니다. 정해진 시간에 예배를 드리는 것은 단순히 시간 관리 이상의 중요한 의미를 갖습니다. 특히 가정예배는 가족 모두가 함께 참여하는 신앙의 중요한 시간입니다. 이를 통해 신앙의 습관을 형성하고, 가족 간의 유대를 강화하는 데 큰 도움이 됩니다.

정해진 시간에 가정예배를 드리면, 예배가 **일상적인 신앙 습관으로 자리잡게 됩니다.** 매일 특정한 시간에 예배를 드리는 것은 신앙생활의 일관성을 유지할 수 있게 합니다. 일정한 시간을 정함으로써 가족들은 예배 시간을 기다리고 준비할 수 있으며, 예배에 대한 심리적 준비가 됩니다. 예배를 드리는 시간이 불확실하거나 자주 바뀌면, 예배를 우선순위로 두지 않게 될 위험이 있습니다.

예배 시간을 정해놓고, 가족이 그 시간을 지키려고 노력하는 과정에서 책임감이 자연스럽게 배어듭니다. 특히 자녀들이 예배 시간을 지키기 위해 노력할 때, 그들은 예배가 가족 공동체의 중요한 의무이자 책임임을 배울 수 있습니다. 예배 시간이 정해져 있다는 것은 그만큼 예배를 위한 헌신과 노력을 할 수 있도록 돕는 중요한 요소입니다. 이로 인해 자녀들은 어릴 때부터 **예배의 중요성을 깊이 인식**하게 됩니다.

정해진 시간에 예배를 드리면, **영적 리듬이 형성**됩니다. 특히 예배 시간을 정해놓는 것은 하나님과의 지속적인 관계를 유지하게 해 줍니다. 예배는 단기적인 신앙 행위가 아니라 지속적인 관계를 요구하는데, 이를 위해서는 일정한 시간과 장소에서 꾸준히 예배를 드리는 습관이 필요합니다. 예배의 시간을 지키는 것이야말로 영적 성장을 위한 중요한 발판이 됩니다.

가정예배 시간을 자주 바꾸면, 그에 따라 가정의 다른 활동들도 영향을 받게 됩니다. 자녀들이 학교나 학원, 부모는 직장 등 다른 스케줄에 맞추어야 하므로 예배 시간을 맞추는 것 자체가 혼란을 일으킬 수 있습니다. 예배 시간이 정해져 있으면, 가족 구성원들은 그에 맞춰 일정을 조정하고 예배를 준비할 수 있으며, 예배 시간이 불확실성 없이 규칙적으로 진행됩니다.

구성원의 참석여부와 상관없이 정해진 시간에 가정예배를 꾸준히 드리는 것이 중요합니다. 구성원의 참석여부에 집중하고, 예배를 연기하는 것이 당연하게 여겨지다보면 어느순간 가정예배를 드리지 않는 모습을 발견할 수 있기에 정해진 시간에 예배를 드리고, 구성원이 예배에 참석하지 못하는 일이 발생할 때에는 그 시간을 소중하게 여기며, 참석할 것을 권면하시고 나머지 구성원들은 가정예배를 지키시면 됩니다.

부모가 정해진 시간에 예배를 드리는 모습을 자녀가 본다면, 자녀들은 예배에 대한 중요성을 자연스럽게 배우게 됩니다. 부모는 자녀에게 신앙의 본보기가 되어야 하며, 예배 시간을 정해놓고 그것을 지키는 것은 자녀에게 모범을 보이는 기회가 됩니다. 이 작은 실천이 자녀들의 신앙관과 생활습관에 깊은 영향을 줍니다.

가정예배는 단지 신앙의 활동일 뿐만 아니라, 가정의 문화와 가치관을 형성하는 중요한 시간입니다. 정해진 시간에 예배를 드리는 것은 신앙의 일관성, 책임감, 가족 간의 유대, 영적 리듬 유지, 혼란 방지 등 여러 장점을 가져옵니다. 이러한 예배를 통해 가정은 하나님과의 관계를 지속적으로 유지하고, 자녀들에게 신앙적 모범을 보이며, 하나님의 뜻을 실천하는 가정으로 세워질 것입니다.

Chapter 6
15분이면 충분한 우리집 가정예배 기본 틀 만들기

가정예배는 하나님께 예배드리는 거룩한 시간임과 동시에, 가족이 서로의 은혜와 사랑을 나누는 삶의 자리입니다. 그렇기 때문에 그 순서는 교회예배처럼 고정된 형식을 그대로 옮겨놓는 것이 목적이 되어서는 안 됩니다. 각 가정의 상황과 형편, 자녀의 연령, 가족 구성원의 성향에 맞게 유연하게 조율하는 것이 중요합니다.

예를 들어, 어린 자녀가 있는 가정이라면 찬양과 성경 이야기를 그림책이나 동영상으로 나누는 것이 효과적일 수 있습니다. 반대로 성인 자녀와 함께하는 가정이라면 말씀 토론과 삶의 적용 나눔에 더 많은 시간을 할애할 수 있습니다.

직장이나 학업으로 바쁜 가정이라면 10~15분의 짧은 예배 속에서도 감사 나눔과 짧은 기도로도 충분히 은혜를 나눌 수 있습니다. 어떤 날에는 말씀을 여러 번 반복하여 말씀을 읽는 것, 또 어떤 날에는 찬양과 결단 기도로 마칠 수 있습니다.

혹은 수도원 전통에서 비롯된 '식탁독서'를 하는 것도 좋은 방법입니다. '식탁독서'는 공동의 식사 자리에서 한 사람이 성경을 소리 내어 읽고 함께 묵상하는 전통으로, 일상의 자연스러운 흐름 속에서 말씀을 나누도록 도와줍니다. 식사 자리에서 성경을 짧게 읽고 함께 이야기를 나누는 것입니다. 가정에서 저녁 식사 전후에 성경 한, 두 절 정도를 읽고, "오늘 이 말씀에서 마음에 와 닿은 부분이 뭐였어?" "이 말씀을 어떻게 지낼 때 적용할 수 있을까?"와 같이 간단한 질문을 던질 수 있습니다. 이렇게 하면 식탁이 단순히 밥을 먹는 공간이 아니라, 말씀을 나누고 신앙을 나누는 예배의 자리가 될 수 있습니다. 아이들은 자연스럽게 말씀을 접하고, 부모와의 대화를 통해 신앙을 생활 속에서 배우게 됩니다.

가정예배에서 중요한 것은 정형화된 형식이 아니라 가족이 함께 하나님 앞에서, 하나님과 함께하는 기쁨을 누리는 것입니다. 이처럼 가정예배는 상황에 따라 다양하게 드릴 수 있습니다. 아래에 2가지 예시를 제시하오니, 각 가정의 형편에 맞게 참고하시고 자유롭게 응용하시면 좋겠습니다.

가정모임 나눔지

기도	
찬송	(이번 주 묵상 찬송)을 포함하여 자유롭게 선정하여 부릅니다.
말씀읽기	1. 주일설교 본문을 여러 차례 반복하여 읽으며 암송합니다. 이번 주 말씀 〈로마서8:18-25〉 2. 주일설교 본문 말씀을 읽고, 설교요약카드 말씀을 읽습니다.
나눔 & 감사	1. 나는 요즘 무엇에 이끌려 살아가고 있는가? 혹시 나도 모르게 허무한 것에 굴복하며 '썩어짐의 종노릇'을 하고 있진 않은가요? 2. 내 주변에서 고통하며 신음하고 있는 사람이나 피조물의 소리를 내가 들으려 하고 있는가요? 3. 하나님의 자녀로서, 생명을 살리는 삶을 위해 내가 지금 당장 바꿀 수 있는 작은 습관은 무엇일까요? 말씀을 통해 하나님이 주신 은혜를 나눠봅시다.
기도	1. 서로의 손을 잡고 축복하며 기도합시다. -하나님의 영광의 자유 안에서 피조물을 살리는 복된 통로가 되기를 축복합니다 -허무한 것에 굴복하지 않고, 생명을 살리는 하나님의 자녀로 살아가기를 축복합니다." 2. 가족의 기도제목을 가지고 기도합시다.

그림 6-1 예배순서 예시 ①

1. 허무에 굴복, 썩어짐에 종노릇한 결과

우리는 피조물이 탄식하며 고통을 겪고 있음을 목격하게 됩니다.

성경은 그 이유를 우리가 '허무한데 굴복' '썩어짐의 종노릇' 하기 때문입니다.

이는 내가 내 삶을 조종하는 것이 아니라, 세상의 것에 끌려 다니는 상태입니다.

살아서 움직이지만 자의에 의해, 행복해서 무언가를 하는 것이 아니라

세상의 거짓에 사로잡혀 허무에 굴복하여 썩어짐에 종노릇하는 것입니다.

결국 이러한 모습은 하나님이 우리에게 주신 사명을 망각하고, 나만 생각하게 되어

피조물을 탄식과 고통 가운데 거하게 하는 것임을 깨닫게 합니다.

> ## 2. 생명을 살리는 우리
>
> 탄식하며 고통가운데 있는 피조물들은 '하나님의 아들들'이 나타나길 고대하고 있습니다.
> <u>하나님의 아들들을 통해 하나님의 창조의 질서가 회복되어지길 고대하고 있습니다.</u>
> '허무한데 굴복' '썩어짐의 종노릇'의 모습에서 벗어나 하나님께서 주신 사명을 기억하며
> 예수님처럼, 예수님과 함께 생명을 살리는 삶이 되길 원합니다.
> 하나님의 영광의 자유를 드러내는 삶이 되길 원합니다.
> 우리가 하나님의 자녀로 다시 설 때 피조물도 함께 자유를 누리게 될 것입니다.

그림 6-2 말씀카드 예시

필자가 섬기는 교회에서는 매주 교인들에게 예시 1번의 가정예배 자료를 제공하고 있습니다. 대예배 주일설교 말씀을 요약한 말씀요약 카드 2장을 함께 제공하며 말씀카드를 읽음으로 말씀에 대한 해석과 말씀을 다시 떠올릴 수 있도록 합니다. 이후 말씀을 삶에 적용하는 열린질문을 통해 각자의 삶을 나누고 축복으로 이어지는 순서입니다.

온 세대 예배 가정 나눔지

찬송 | 하나님 솜씨

기도 | 은혜로우신 하나님, 추수감사주일을 지내며 우리 가정에 베푸신 하나님의 은혜를 기억해요. 지나온 시간 동안 우리 가족의 건강과 일상, 삶에 필요한 것들을 채워주신 하나님, 감사해요. 이 시간 마음을 모아 예배 드리며, 날마다 감사의 삶을 이어가도록 인도해 주세요. 예수님의 이름으로 기도합니다. 아멘.

말씀읽기 | 마 12:1-8

¹ 그 때에 예수께서 안식일에 밀밭 사이로 가실새 제자들이 시장하여 이삭을 잘라 먹으니 ² 바리새인들이 보고 예수께 말하되 보시오 당신의 제자들이 안식일에 하지 못할 일을 하나이다 ³ 예수께서 이르시되 다윗이 자기와 그 함께 한 자들이 시장할 때에 한 일을 읽지 못하였느냐 ⁴ 그가 하나님의 전에 들어가서 제사장 외에는 자기나 그 함께 한 자들이 먹어서는 안 되는 진설병을 먹지 아니하였느냐 ⁵ 또 안식일에 제사장들이 성전 안에서 안식을 범하여도 죄가 없음을 너희가 율법에서 읽지 못하였느냐 ⁶ 내가 너희에게 이르노니 성전보다 더 큰 이가 여기 있느니라 ⁷ 나는 자비를 원하고 제사를 원하지 아니하노라 하신 뜻을 너희가 알았더라면 무죄한 자를 정죄하지 아니하였으리라 ⁸ 인자는 안식일의 주인이니라 하시니라

1. 오늘 읽은 성경말씀에서 가장 마음에 남는 구절은 무엇인가요?
2. 그 구절을 고른 이유에 대해 서로 이야기 나눕니다.

감사로 나누는 삶의 이야기 |
1. 내 삶에서 억지로 지키려고 하는 신앙의 모습이 발견될 때가 있나요?
'억지로'가 아니라 '기쁨으로' 신앙을 지키고, 은혜를 누리기 위해서 우리는 무엇을 해야 할지 이야기해봅시다.
2. 형식적으로 드리는 감사가 아닌 '진짜 감사'의 고백을 하나님께 드려봅시다.

축복과 기도 | (가족끼리 둥글게 앉아서 오른쪽에 있는 사람에게 축복의 말을 전합니다.)
"하나님이 주시는 은혜와 자비가 (   )의 삶에 가득하길 바랍니다."

"자비로우신 하나님, 우리가 형식적인 경건에 빠지지 않고, 하나님의 자비를 구하며 기쁨과 감사가 풍성한 삶을 살아가게 해주세요. 한 주간 동안 우리가 받은 은혜를 기억하고, 이웃에게 자비를 실천하며 살 수 있도록 인도해 주세요. 예수님의 이름으로 기도합니다. 아멘."

활동
1. 말씀암송
"나는 자비를 원하고 제사를 원하지 아니하노라 하신 뜻을 너희가 알았더라면 무죄한 자를 정죄하지 아니하였으리라" (마태복음 12장 7절)
2. 우리집 감사노트
- 한 주간 동안 하나님에게 받은 은혜(공급·도움)를 짧게 적어 모읍니다.
- 다음 가정예배 시간에 함께 읽고 감사 기도를 드립니다. (어린 자녀는 그림을 그려서 참여할 수 있습니다.)

※ 온세대 예배안과 가정나눔지(악보포함)는 총회교육국 홈페이지에서 다운받을 수 있습니다.

말씀 읽기 제안
1. 말씀을 한 절씩 돌아가며 소리내어 읽습니다.
2. 말씀이 마음에 남도록 천천히 눈으로 읽습니다.
3. 아직 글을 읽지 못하는 미취학 자녀가 있는 경우, 부모님이 말씀을 읽어줍니다.
4. 가정의 상황에 따라 새번역 성경을 사용하셔도 좋습니다.

질문 나눔 예시
· 서로 고른 말씀에 대한 이야기에 귀기울여 주며, 편안하게 마음에 닿은 이유를 이야기하도록 부차적인 질문을 하지 않습니다.

그림 6-3 예배순서 예시 ②

예시 ②는 교단 회보 가정예배 자료 집필위원 목사님들과 상의하여 교단 회보를 통하여 아래와 같은 가정예배 자료를 제공하고 있습니다. 기본 요소는 〈기도-찬양- 말씀읽기(해설)- 나눔과 감사- 기도와 축복〉입니다. 이 예배 자료의 특징은 특정 '단어'를 중심으로 서로의 생각을 나누는 것입니다.

예배 순서에 맞춰 각 순서별 의도 및 유의사항은 다음 장에서 설명합니다.

Chapter 7
'찬양, 말씀, 나눔, 축복'은 이렇게 하면 된다
(각 순서별 TIP)

❶ 찬양

온 세대가 함께 할 수 있는 찬송을 함께 부릅니다. 가정예배에서 찬양을 선택할 때, 어린 자녀가 있다면 당연히 그들의 이해 수준과 흥미를 고려하는 것이 필요합니다. 그러나 이것이 곧 "어린이 찬송만 불러야 한다"는 뜻은 아닙니다. 찬양의 핵심 목적은 나이별 취향을 맞추는 것이 아니라, 가족이 함께 하나님을 높이고 은혜를 나누는 것이기 때문입니다.

어린이 찬송은 쉽고 반복적인 가사, 간단한 멜로디로 구성되어 있어 아이들이 따라 부르기 좋습니다. 하지만 성인들이 부르는 찬양

(찬송가나 복음성가 등)은 더 깊은 신학적 표현과 다양한 성경적 어휘를 담고 있습니다. 아이들이 어른들이 부르는 찬양을 접하고 반복적으로 따라 부르면서 신앙 언어의 폭이 넓어지고, 장차 성인 예배에서도 자연스럽게 참여할 수 있는 언어 감각을 익히게 됩니다. 이후 PART4에서 다루겠지만 기존에 찬양 뿐만 아니라 AI를 통해서 가족모두가 부를 수 있는 노래를 작곡하여 부르는 것도 좋은 방법입니다.

가정예배에서 부모 세대가 즐겨 부르는 찬양을 함께 부르면, 아이들은 부모의 신앙 고백과 감정을 더 깊이 이해하게 됩니다. 찬양 속 가사와 선율은 부모가 어떤 믿음의 길을 걸어왔는지를 간접적으로 보여주는 신앙 스토리가 됩니다. 이 과정에서 아이들은 "찬양은 나이별로 따로 하는 것"이 아니라, 세대가 함께 드리는 예배 행위임을 배우게 됩니다.

어린이 찬송은 경쾌하고 단순한 멜로디가 많지만, 성인 찬양은 장조와 단조, 다양한 화성 진행을 통해 더 깊은 정서를 전달합니다. 아이들이 이런 음악적 다양성을 경험하면 정서 발달과 음악 감수성이 풍성해지고, 가사의 깊은 의미와 함께 영적 감동을 더 깊이 느낄 수 있습니다.

가정예배에서 어린이와 성인이 함께 같은 찬양을 부르면, 연령 차이를 넘어서는 예배의 일체감이 형성됩니다. 이는 웨스터호프 3세가 말한 '공동체적 참여'의 신앙 형성 원리와도 맞닿아 있습니다. 아이는 자신이 예배의 "한 부분"이 아니라, 예배의 동역자임을 체험하게 됩니다.

❷ 말씀읽기

가정예배에서 말씀읽기는 단순한 낭독 이상의 의미를 가집니다. 이는 하나님 말씀을 온 가족이 함께 듣고, 기억하며, 삶 속에서 살아내도록 하는 신앙 훈련의 중요한 순간입니다. 그러나 효과적으로 말씀을 읽고, 그것이 암송과 삶의 내재화로 이어지기 위해서는 몇 가지 주의점이 필요합니다.

말씀읽기 시 주의해야 할 점

- 형식적 낭독이 되지 않도록 합니다.
- 기계적으로 읽는 것은 마음에 남지 않습니다. 의미를 생각하며 천천히, 또박또박 읽도록 합니다.
- 단락을 나누어 가족들이 돌아가며 읽으면 집중도가 높아질 수 있습니다.
- 이해할 수 있는 번역본을 선택하는 것도 좋습니다. 어린 자녀가 있다면 너무 어려운 문장보다는 쉬운 번역본을 사용해 의미 전달을 돕습니다.
- 필요하면 본문 중 어려운 단어를 짧게 설명해 줍니다.
- 읽기 전·후에 간단한 맥락 설명을 곁들이면 좋습니다. 말씀을 읽기 전에 본문이 쓰인 배경과 상황을 간단히 소개하면 이해와 몰입이 높아집니다.
- 너무 긴 분량보다 핵심 있는 본문을 선택한다. 가정예배는 길이가 길어지면 집

중력이 떨어집니다. 한 번에 깊이 있게 읽고 묵상할 수 있는 길이를 정합니다.

또한 말씀 읽기를 자연스럽게 암송으로 연결할 수 있습니다. 하나님의 말씀이 머리에만 머물지 않고 마음과 입에 새겨지는 은혜를 누릴 수 있습니다. 예배 중 2~3회 소리 내어 함께 읽고, 예배 후에도 하루 한 번씩 가정에서 함께 외워볼 수 있으며 시각 자료 활용하여 말씀 구절을 종이에 써서 눈에 잘 띄는 장소(냉장고, 거실 벽 등)에 붙여두면 기억이 강화되며 결국 삶 속에서 말씀을 살아내도록 이끌어 줍니다.

가정예배에서의 말씀읽기는 **주의 깊은 낭독 → 반복과 이해 → 암송 → 삶의 적용**이라는 흐름을 가질 때, 말씀은 단순한 텍스트가 아니라 가정의 가치와 행동을 이끄는 기준이 됩니다. 말씀을 머리로 아는 지식에서 가슴과 손으로 살아내는 신앙으로 성장시키는 길입니다.

❸ 나눔

가정예배에서 말씀을 읽고 난 뒤 또는 각자의 생각과 감사 제목을 나누는 시간은 단순한 대화 이상의 의미를 갖습니다. 이는 가족 구성원이 서로의 마음과 신앙 여정을 공유하며, 가족 공동체의 영적·정서적 유대를 깊게 만드는 과정입니다. 또한 나눔을 통해 자신의 신앙을 돌아보며 신앙의 결단을 공동체 앞에서 내어놓음을 통해 결단한 내용을 지지받고, 연대할 수 있는 시간이 될 수 있습니다. 하지만 이 시간이 진정한 은혜의 통로가 되기 위해서는 몇 가지 주의와 방법이 필요합니다.

① 주의해야 할 점

- **평가나 비판을 피한다**: 누군가의 생각이나 감사 제목에 대해 "그건 별로야", "그건 맞는 말이 아니야"와 같이 평가하거나 지적하면, 이후 나눔을 꺼리게 됩니다. 이 시간은 옳고 그름을 가리는 자리가 아니라 마음을 열고 안전하게 나누는 자리여야 합니다.

- **억지로 강요하지 않는다**: 특히 어린 자녀나 내성적인 가족은 처음에 감사 제목을 잘 찾지 못할 수 있습니다. "빨리 말해"보다는, 작은 것부터 예시를 주어 스스로 찾도록 돕습니다.

- **비교하지 않는다**: "○○는 좋은 감사 제목을 말했는데 너는 왜 이런 걸 말하니?"와 같은 비교는 위축감을 줍니다. 각자의 감사와 생각은 그 사람의 삶 속에서 나온 고유한 표현임을 인정해야 합니다.

- **시간 균형을 맞춘다**: 한 사람만 오래 이야기하면 다른 사람의 나눔 기회가 줄어듭니다. 가볍게 말하는 사람과 길게 말하는 사람 사이의 균형을 잡아야 합니다.

② 효과적으로 감사 나눔을 하는 방법

- **말씀과 연결하기**: 예배에서 읽은 말씀과 오늘의 감사 내용을 연결하면, 감사가 단순한 긍정적 감정이 아니라 하나님의 말씀에 기초한 신앙적 반응, 결단이 나오게 됩니다.

- **질문으로 열어주기**: 구체적인 질문을 주면 생각하기 쉬워집니다.
  예 "함께 읽은 말씀 중에서 가장 기억이 남는 말씀(단어)은?"
   "오늘 말씀에 나온 것처럼 예수님의 마음으로 이웃을 섬긴다는 것은 어떤 것일까?"

- **구체적으로 나누기**: "오늘 감사해요"보다 "오늘 친구가 나를 도와줘서 감사해요"처럼 구체적으로 말하면, 감사의 실제 상황을 가족이 함께 느낄 수 있습니다.

- **작은 감사도 소중히 여긴다**: 일상 속 사소한 일(맛있는 식사, 무사히 귀가, 좋은 날씨 등)도 귀하게 받아들이면 감사 습관이 자리 잡습니다.

가정예배에서의 생각·감사 나눔은 단순한 인사나 대화가 아니라, 하나님의 은혜를 서로의 삶 속에서 발견하고 확인하는 예배 행위입니다. 이렇게 나눔이 습관이 되면, 가정은 일상에서 더 자주 하나님의 은혜를 발견하게 되고, 감사가 삶의 자연스러운 언어로 자리 잡게 됩니다.

❹ 축복

가정예배에서의 축복은 단순한 의례가 아니라, 하나님의 사랑과 은혜를 가족에게 직접 전하는 신앙적 표현입니다. 축복의 말은 듣는 사람에게 영적 위로와 확신을 주고, 가정의 관계를 따뜻하게 묶어주는 힘이 있습니다. 하지만 이 시간이 은혜의 통로가 되기 위해서는 몇 가지 주의와 구체적인 방법이 필요합니다.

① 축복할 때 주의해야 하는 점

- **형식적·습관적 표현을 피한다**: 매번 똑같은 말만 기계적으로 반복하면 진심이 전달되기 어렵습니다. 축복할 때는 그 사람의 상황이나 필요를 고려하여 말합니다.
- **비판이나 조건부 축복은 피한다**: "네가 이번에 잘하면 하나님이 축복하실 거야"와 같은 조건부 표현은 은혜의 성격을 흐립니다. 하나님의 축복은 은혜로 주어지는 것이며, 축복의 말은 무조건적인 사랑을 담아야 합니다.
- **비교나 차별을 하지 않는다**: "네 동생처럼 열심히 하면 너도 축복받을 거야"와 같은 말은 상처가 됩니다. 모든 가족 구성원에게 동일하게 존중과 사랑을 담아 축복합니다.
- **억지로 강요하지 않는다**: 축복을 받거나 주는 것을 부담스러워하는 가족에게는 시간을 주고, 자연스럽게 참여하도록 격려합니다.

② 효과적으로 서로를 축복할 수 있는 방법

가정예배 시간 나눈 말씀을 통해 축복하기

> 예 "너희 아버지의 자비로우심 같이 너희도 자비로운 자가 되라" (눅 6:36)
> – 하나님을 닮은 자비로운 삶이 되시길 축복합니다.
>
> "여호와는 네게 복을 주시고 너를 지키시기를 원하며…"(민 6:24-26)
> – 하나님의 복을 누리며, 보호하심을 경험하는 삶이 되길 축복합니다.
>
> "내 양은 내 음성을 들으며 나는 그들을 알며 그들은 나를 따르느니라"(요 10:27)
> – 주님만 따라가는 삶이 되길 축복합니다.

성경 구절을 읽어주면, 축복의 말이 하나님의 권위와 약속 안에 서게 됩니다.

감사와 함께 축복하기

- 먼저 그 사람에 대한 감사 한 마디를 하고, 그 후에 축복을 전하면 더 진심이 느껴집니다.

  예) 자녀를 향한 축복

  "이번 주에 숙제도 열심히 하고, 동생 챙겨줘서 정말 고마워. 하나님께서 네 안에 주신 사랑과 지혜가 더 자라나서, 친구들에게도 좋은 영향력을 주는 사람이 되길 축복해."

  배우자를 향한 축복

  "이번 주 내내 퇴근 늦게 하면서도 가족을 위해 웃는 얼굴 보여줘서 고마워. 하나님께서 당신의 건강과 마음을 지켜주시고, 새로운 힘으로 하루하루 채워주시길 기도해."

  부모님을 향한 축복

  "항상 저희를 위해 기도해주시고, 좋은 말씀으로 가르쳐주셔서 감사해요. 하나님께서 부모님의 평생을 은혜로 채워주시고, 기쁨과 평강이 늘 함께하시길 축복합니다."

구체적인 상황과 연결하기

- 구체적인 상황(학업, 직장, 관계, 건강, 도움 등) + 감사 표현 + 하나님의 복에 대한 구체적 기도를 연결하면, 축복이 더 따뜻하고 실질적으로 느껴집니다.

  예) ① 자녀(학업 상황)

  "이번 주에 중간고사 준비하느라 많이 노력했잖아. 하나님께서 네게 지혜와 집중력을 더 주셔서, 공부뿐 아니라 삶의 모든 영역에서 좋은 열매를 맺게 하시길 축복해."

  ② 배우자(직장 상황)

  "이번 주에 새로운 프로젝트 맡아서 긴장도 많았을 텐데 끝까지 최선을 다해줘서 고마워. 하나님께서 당신의 손을 붙드시고, 직장에서 당신의 성실함이 인정받고 존중받게 하시길 기도해."

③ 자녀(관계 상황)

"최근에 친구랑 오해가 있었는데 용기 내서 먼저 화해하려고 노력했더라. 하나님께서 네 마음을 지켜주시고, 사람들과의 관계 속에서도 주님의 평화를 전하는 사람이 되게 하시길 축복해."

④ 부모님(건강 상황)

"이번에 건강검진 준비하시느라 힘드셨을 텐데 잘 마치셔서 감사해요. 하나님께서 부모님의 몸과 마음을 강건하게 하시고, 남은 날들도 기쁨과 평안이 가득하길 축복합니다."

⑤ 형제·자매(도움 준 상황)

"이번 주에 방 정리 도와주고 같이 장도 봐줘서 고마워. 하나님께서 너의 손길이 닿는 모든 곳마다 기쁨과 평안이 전해지게 하시고, 네 삶에 필요한 모든 것을 풍성히 채워주시길 기도해."

신체적 접촉을 동반하기

- 어깨에 손을 얹거나, 손을 잡거나, 포옹하며 축복하면 따뜻함이 배가됩니다. 단, 상대가 불편해하지 않도록 배려합니다.

서로 돌아가며 축복하기

- 한 사람이 모두를 축복하는 것보다, 가족이 서로 돌아가며 축복하면 쌍방향 은혜가 됩니다.

  예) 부모가 자녀를 축복하고, 자녀도 부모를 위해 짧게 기도하며 축복.

> 핵심정리

- **가정예배를 드리는 시간:** 가정예배 시간은 가족의 합의로 정하고, 그 시간을 꾸준히 지켜 예배해야 합니다. 일관된 시간에 예배를 드림으로 영적 리듬을 유지, 불필요한 혼란 방지, 자녀들에게 신앙에 대한 모범을 보이는 기회가 될 수 있습니다.

- **가정예배의 목적과 태도:** 가정예배는 교회예배의 단순 반복이 아니라, 가족이 함께 은혜와 삶을 나누며 신앙을 생활화하는 시간입니다. 강요나 형식보다 편안하고 행복한 경험이 되도록 해야 하며, 부모가 먼저 하나님께 집중하는 모범을 보일 때 자연스럽게 자녀들도 참여하게 됩니다.

- **유연하고 상황 맞춤형 순서:** 가정예배의 기본 틀은 기도 – 찬양 – 말씀 읽기·해설 – 나눔과 감사 – 기도·축복이지만, 자녀 연령·가정 형편·상황에 따라 자유롭게 조정할 수 있습니다. 핵심은 정해진 형식보다 하나님 앞에서 가족이 함께하는 기쁨을 경험하는 것입니다.

순서별 실제적 가이드

- **찬양:** 어린이 찬송과 성인용 찬송을 함께 불러 세대 간 신앙 언어를 연결한다.

- **말씀읽기:** 기계적 낭독을 피하고, 배경 설명·반복·암송을 통해 말씀을 삶 속에 새긴다.

- **나눔:** 비판·비교를 피하고, 구체적 감사와 말씀 연결을 통해 영적·정서적 유대를 강화한다.

- **축복:** 형식적 표현이 아닌 개인의 상황과 필요에 맞춘 구체적이고 따뜻한 축복을 나눈다. 성경 구절, 감사 표현, 신체적 접촉(손 얹기, 포옹 등)을 통해 은혜가 실제로 전달되게 한다.

적용 과제

① 가정예배 시간 정하기

- 이번 주에 가족 단체 채팅방/식탁/차 안에서 이렇게 말해보세요.

"가정예배를 한다면, 언제가 제일 좋을까?"

가족 구성원 각자가 원하는 시간과 이유를 듣고 정해봅시다. 가족들이 말하는 반응, 톤 자체가 좋은 출발점입니다.

[우리집 예배시간]

② 우리가정에 맞는 가정예배 방법 및 순서 고민하고 정해보기

- 아이(또는 배우자)에게 "우리가 가정예배를 한다면 어떻게 하면 좋을까?"라고 한 번만 물어보세요. 그리고 책에 있는 내용들을 제안해보고, 예배방식과 순서를 정해보는 시간을 가져봅시다.

[우리집 예배순서]

③ 예배를 시작해봅시다.

- 가족에게 "딱 10분만 하고 끝내는 조건으로, 한 번만 같이 해줄래?"("10분만"이라는 말은 가정예배를 시작하도록 설득하는데 효과적인 표현이 될 것입니다.)라고 먼저 제안해봅시다. 그리고 순서TIP에 나오는 내용에 유의하여 가정예배를 시작해봅시다.

보너스

실패 대비용 멘탈 가이드 미션

• 가족이 거절하면 실망하지 말고 다음과 같이 속으로 생각하세요.

"좋다. 오늘은 0.5단계 진전이다. 대화가 시작됐다는 것 자체가 기적이다."

"나는 지금 가정예배를 '시키는 사람'이 아니라 '초대하는 사람'이다."

"다음엔 더 짧게, 더 재밌게 제안해보자."

Part 4

AI를 가정예배 동역자로 활용하기

가정예배의 기본 요소 〈기도- 찬양- 말씀읽기(해설)- 나눔과 감사- 기도와 축복〉를 원래 드리던 전통적인 방식으로만 드리는 것이 아니라 예배의 각 요소들에 AI기술을 적용하여 가정예배를 드릴 수 있도록 몇 가지가 방법을 제안드리고자 합니다.

그러나 이것이 모든 가정예배의 필수 조건이거나, 전부를 AI에 의존해야 한다는 의미는 아닙니다. 예배의 중심은 언제나 하나님이며, 예배의 주체는 성령의 충만함 가운데 임하는 각 가정구성원입니다. AI는 어디까지나 이를 돕는 보조적 도구일 뿐입니다.

그러기에 앞으로 제안할 내용 모든 것을 가정에서 따라 하실 필요는 없습니다. 모든 부분에서 AI를 사용하면 오히려 예배의 본질이 흐려질 수 있습니다. 위에서 제안드린 예배 순서 중 AI를 활용할 수 있다고 생각되는 부분이 있다면 그 순서를 진행할 때 AI를 활용하시면 됩니다. 각 가정에선 AI를 예배의 주인으로 삼지 않고, 말씀과 기도의 주도권을 하나님께 드리며, 필요한 순간에만 AI의 도움을 받는 건강한 습관을 세워야 합니다.

급속한 기술 발전으로 매일같이 새로운 AI가 등장하고 있기에, 제가 제안드리는 내용이 다소 신선하지 않게 느껴질 수도 있습니다. 저는 AI 전문가가 아닙니다. 가정예배를 드리며 필요에 따라 AI를 찾아 활용해 본 목회자입니다. 따라서 AI 자체에 대한 전문 정보나 다양한 AI의 특성 비교·분석에는 한계가 있었고, 각 기능별로 한 가지 AI만 예를 들어 사용한 점을 양해해 주시기 바랍니다. 제가 드리고자 한 것은 AI기술 분석이 아니라, AI를 활용한 가정예배의 아이디어입니다. 이 아이디어를 토대로 더 다양한 방법으로, 더 새로운 AI를 통해 새로운 시도를 해보시길 권해드립니다. 다시금 반복하여 말씀드립니다. 중요한 것은 기술이 아니라 예배 자체이며, AI는 그 예배를 돕는 도구임을 기억해야 합니다.

먼저 가정예배 순서에 맞춰 각 단계에서 AI를 어떻게 활용할 수 있는지를 한눈에 볼 수 있도록 간략하게 제시하고, 이후 세분화된 내용을 안내하도록 하겠습니다.

표 8-1 가정예배 각 순별 AI 활용 추천 내역

순서	활용 내용
찬송	• AI로 가족이 함께 부를 수 있는 찬양 작곡하기 • AI로 작곡한 곡을 악보를 변환하여 가족구성이 함께 연주하기
말씀읽기 & 말씀해설	• AI로 주일예배 설교말씀을 요약한 동영상, 문서, 마인드맵 제공받기 • AI로 주일예배 설교말씀을 팟캐스트로 변환하여 함께 듣기 혹은 팟캐스트 대본을 가족구성원이 읽기 • AI를 활용하여 말씀 접근성 높이기(말씀배경, 원어해설 도움받기)
감사 & 나눔 (기타)	• AI를 활용하여 각 세대에 맞는 눈높이 질문생성하기 • AI를 활용하여 말씀을 듣고 결단한 내용을 바탕으로 일주일 동안 삶 속에서 실천할 수 있는 구체적인 방법 제안받기
시각자료 만들기	• AI를 통해 제공받은 말씀해설자료를 또 다른 AI를 통해 PPT 혹은 그림으로 제공받기
예배내용 기록하기	• 예배 내용을 녹음 후 AI를 통해 함께 나눈 말씀, 각 구성원의 나눔 내용, 기도제목 내용을 파일로 제공받기

Chapter 8
찬양 작곡부터 연주까지 AI가 가능하게 한다

과거에는 찬양을 만들기 위해 작사가, 작곡가, 편곡가가 필요했고, 제작 기간도 길었습니다. AI를 사용하면 가사와 멜로디 초안을 몇 분 안에 생성할 수 있습니다. 이후 사람의 감성과 영성을 더해 완성도를 높이면, 훨씬 효율적으로 제작할 수 있습니다.

AI는 가정, 교회, 연령대, 상황에 맞는 찬양을 추천하는 것은 기본이고 맞춤형 찬양을 쉽게 만들어낼 수 있습니다. 가정예배 시간 나눈 '말씀의 핵심, 개인의 결단, 기도제목'등을 토대로 가사의 분위기를 설명하고, 가사에 들어갔으면 하는 특정 문장, 단어를 지정하면 맞춤형 가사를 만들 수 있습니다. 가정 맞춤 가사를 토대로 전통적인 찬송가 스타일부터, CCM, 재즈, 포크, EDM 스타일까지 가족 구성원들이 선호하는 음악 장르로 쉽게 제작할 수 있습니다.

이렇게 제작한 음악을 유튜브에 업로드 하거나, 음악파일을 저장하여 가정예배를 드릴 때 함께 부르거나, 가족끼리 차량으로 이동할 때 함께 들으면 아이들은 자신들이 직접 만든 찬양에 애착을 가지게 됩니다. 찬양에 대한 애착은 말씀을 쉽게 떠오르게 하며, 말씀을 더욱 가까이 하며 살아가도록 도와줍니다.

❶ AI로 찬양 작곡하기

주제 선정

이번 주 가정예배 말씀 또는 기도 제목을 선택한다.

> 예 시편 23편, "하나님은 나의 목자"

표 8-2 사용한 AI 작곡 도구

용도	도구명	특징
가사 생성	ChatGPT	말씀 주제와 연령대에 맞춘 가사 작성
멜로디 생성	Suno.ai	자연스러운 멜로디와 편곡 자동 생성
악보 변환	Capella audio2score	AI로 생성된 곡을 악보로 변환하고 편집

작사

AI(ChatGPT)에 다음과 같이 요청하여 작사를 할 수 있습니다.

- 프롬프트 작성시 [성경본문] + [가정예배 상황(연령)] + [곡 분위기·느낌] + [가사 형식·길이] + [언어 스타일]의 구조를 따르면 좋습니다.

- 생성된 가사를 그대로 사용하거나 가사를 가족끼리 수정할 수도 있습니다.

구조에 맞게 프롬프트 작성하기

- [성경본문] 시편 23편

- [가정예배 상황] 초등학생부터 장년이 함께 예배드리는 상황

- [곡 분위기·느낌] 은혜롭고 평안하며, 어린아이도 쉽게 따라 부를 수 있는 멜로디

- [언어 스타일] 시적인 표현과 은유를 사용하되, 어린이도 이해 가능한 쉬운 단어

- [가사 형식·길이] 반복적인 후렴구, 3분정도 길이

[완성된 프롬프트 예]

"너는 찬양작사가야, 시편 23편 전체를 기반으로, '여호와는 나의 목자'라는 주제를 중심으로 전 세대가 함께 드리는 가정예배에서 부를 찬양 은혜롭고 평안하며, 시적인 표현과 은유를 사용하되, 어린이도 이해 가능한 쉬운 단어를 통해 어린아이도 쉽게 따라 부를 수 있는 멜로디를 가진 곡으로, 유치부부터 장년까지 모두 부를 수 있도록 쉬운 단어와 반복적인 후렴구가 있는 3분정도 길이의 찬양을 작사해줘."

> 물론이죠. 아래는 시편 23편 전체를 기반으로, **"여호와는 나의 목자"**를 주제로 한 전 세대 가정예배용 찬양 가사입니다.
> 유치부부터 장년까지 함께 부를 수 있도록 **짧은 문장**, **반복적인 구조**, **시적인 은유**, 그리고 **은혜롭고 평안한 분위기**로 작사했습니다.
>
> 🎵 **찬양 제목: 여호와는 나의 목자**
>
> **1절**
> 여호와는 나의 목자
> 나는 부족함이 없네
> 푸른 초장 맑은 물가
> 그분 품에 쉬어요
>
> **후렴**
> 주님 나의 목자 되시네
> 나를 인도하시네
> 어둔 골짜기 속에서도
> 두렵지 않아요
> 주님 나의 목자 되시네
> 영원히 함께 하시네

그림 8-1 Chat GPT 5가 생성한 가사

작곡

① Suno.ai에 가사를 입력합니다.

② style of music에 장르와 분위기 지정합니다. 두 가지 방법이 가능합니다.

- Suno.ai에서 원하는 스타일을 클릭하여 지정합니다.
- GPT를 통해 style of music에 들어갈 내용을 생성하여 붙여넣을 수 있습니다.

[프롬프트 예]

"Suno.ai에서 시편23편을 주제로 어린이 찬송가를 만들기 위한 style of music부분에 쓰면 좋을만한 프롬프트를 만들어줘."

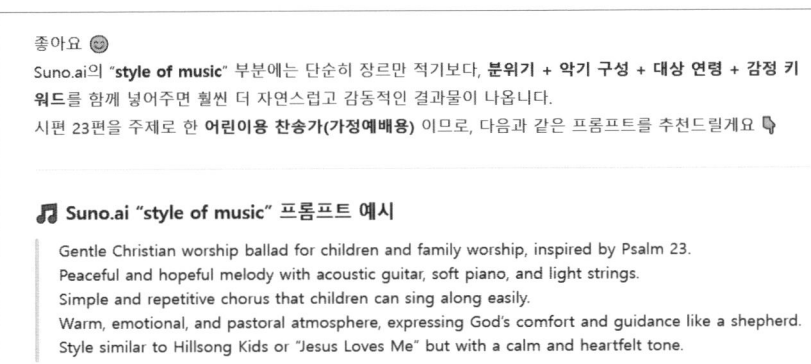

그림 8-2 Chat GPT 5가 생성한 style of music

③ [만들기] 버튼을 눌러 음악을 생성합니다. (기본적으로 2곡을 생성해 줍니다.)

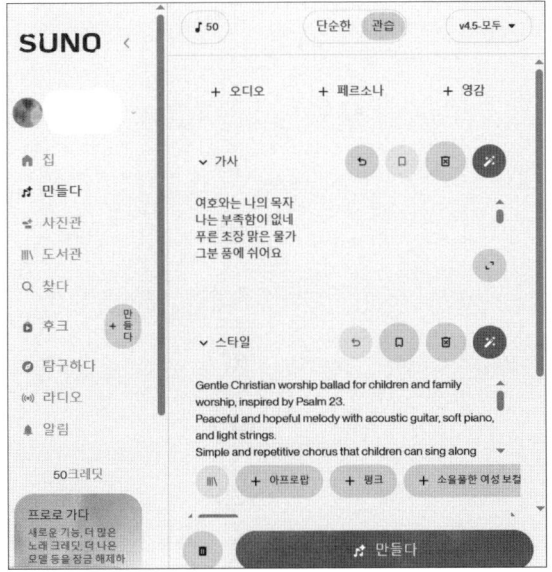

그림 8-3 suno ai로 음악 생성

그림 8-4 suno a v4.5로 생성한 음악

❷ 음원을 악보로 만들기 #사용 AI: Capella audio2score

찬양의 악보를 제작해 두면 음악을 듣는 것에서 그치지 않고 가족이 함께 연주하며 참여할 수 있습니다. 부모는 피아노·기타·바이올린 등 자신이 다룰 수 있는 악기를 연주하고, 자녀들은 박자에 맞춰 노래하거나 리듬악기를 연주함으로써 예배에 적극적으로 동참하게 됩니다. 이는 단순한 '찬송 부르기'에서 나아가, 가족 구성원 각자가 재능과 역할을 살려 예배에 기여하는 경험이 됩니다.

① https://www.capella-software.com에 접속해 Audio2Score를 다운로드한다.

② [Open audio file or project] 버튼을 눌러 음악 파일을 업로드한다.

③ 파일의 형태를 선택한다. (가사가 있는 곡이기에 pop with vocals를 선택한다.)

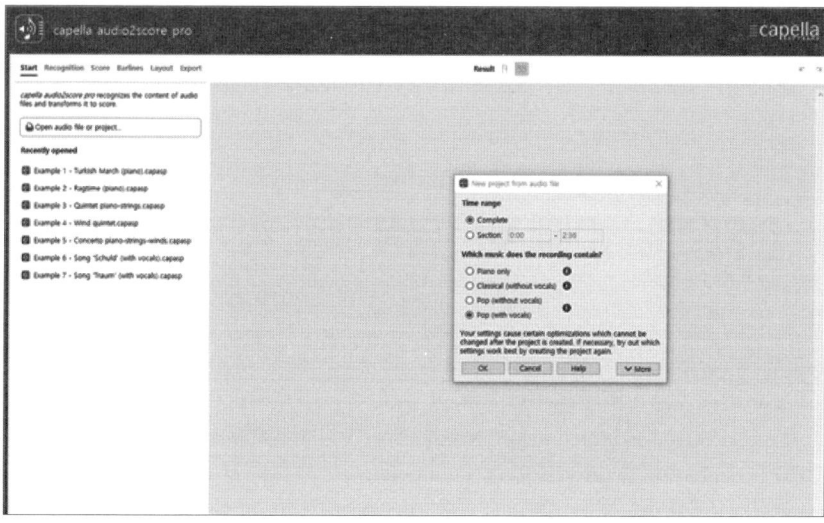

그림 8-5 파일 형태 선택

④ [OK] 버튼을 누르면 악보가 생성된다.

그림 8-6 생성된 악보

Chapter 9
아이의 눈높이에 맞는 말씀 해설, AI가 설명한다

가정예배에서 부모님이 직접 말씀을 전하고 해설하는 것은 매우 귀하고 중요한 신앙 교육입니다. 그러나 때로는 AI를 활용하여 주일예배 말씀을 새로운 형태로 들려주는 것이 유익할 수 있습니다.

AI는 단순한 본문 낭독이 아니라, 말씀의 핵심 주제를 정리하고 다양한 비유와 예시를 들어 가족 구성원의 연령과 이해 수준에 맞춰 풀어냅니다. 이를 통해 아이들은 어려운 설교 내용을 보다 쉽고 흥미롭게 이해하게 되며, 부모 역시 준비 부담을 덜 수 있습니다. 또한 AI는 주일말씀을 다양한 각도에서 재구성할 수 있습니다. 예를 들어, 설교의 주요 포인트를 이야기 형식으로 변환하거나, 성경 속 인물의 시선에서 상황을 묘사해 줌으로써 말씀 속으로 더 깊이 몰입하게 만듭니다. 특히 시각자료, 요약, 질문 리스트 등을 함께 제공하므로, 가족이 말씀 후 자연스럽게 대화를 이어갈 수 있습니다.

AI 활용이 부모의 역할을 대체하는 것이 아니라 보조하는 도구라는 점입니다. 부모는 AI가 제공한 내용을 바탕으로 자신의 신앙 경험과 깨달음을 더해 나눌 수 있고, 이를 통해 자녀는 '말씀은 변하지 않지만 전달 방식은 다양할 수 있다'는 것을 배웁니다. 이렇게 AI를 활용하면, 주일말씀을 단순히 듣는 데 그치지 않고 가정 안에서 다시 살아 움직이게 하는 은혜의 시간이 될 수 있습니다.

❶ AI를 활용한 '말씀 접근성 높이기' #사용AI: ChatGPT

과거에는 성경의 원어(히브리어·헬라어) 해석이나 당시의 역사·문화적 배경을 이해하려면 목회자나 성경학자들이 쓴 주석서를 찾아보고, 관련 자료를 비교·연구하는 데 많은 시간과 노력이 필요했습니다. 하지만 AI를 활용하면 몇 초 만에 원어 해설, 다양한 성경 번역 비교, 역사·문화적 배경, 관련 본문 연결까지 이해하기 쉽게 정리된 자료를 얻을 수 있습니다. 이런 자료들은 가정예배에서 말씀을 전할 때 큰 도움을 받을 수 있습니다.

ChatGPT 프롬프트 작성법

프롬프트 엔지니어링에는 '지시사항, 맥락, 출력형식'의 필수요소가 있습니다. 이에 맞춰 성경배경지식을 AI에게 물을 때 "무엇을, 왜, 어느 범위까지, 어떤 시각에서, 어떤 형식으로" 알고 싶은지 구체적으로 말해주면 정확도가 확 올라갑니다.

① **본문과 범위를 명확하게**: 책/장/절을 구체적으로 제시, 전후 문맥이 필요한지 여부도 지정합니다.

② **원하는 배경의 종류 명시**: 성경 배경은 여러 결이 있으므로 어떤 걸 원하는지 지정해야 합니다.

- 역사적: 사건이 일어난 시대, 정치·사회·경제 상황
- 문화적: 생활습관, 언어, 종교 관습, 지리
- 신학적: 해당 본문이 성경 전체에서 가지는 의미
- 문헌적: 원어, 사본, 고대 번역본 차이

③ **원어·비교·출처를 요청한다.**

- 히브리어/헬라어 원어 의미, 다른 성경 구절과의 연결
- 학문적 출처(예: 고대 사료, 유대 문헌, 교부 문헌)

④ **시각과 깊이 조정**: 설교 준비용, 신학 논문용, 교회학교용인지에 따라 깊이를 조정한다.

⑤ **정리 방식까지 지시**: 목차, 표, 비교도, 타임라인, 지도 등 원하는 형식을 지정한다.

[프롬프트 예 ①]

"너는 성서학자야, 누가복음 6장에 원수를 사랑하라고 하신 말씀이 그 당시 상황에서 비추어 볼 때 어떤 의미를 가진 말인지를 가정예배를 드릴 때 전달할 수 있는 수준으로 정리해줘"

위와 같이 질문했을 때 아래와 같이 내용을 제공해줍니다.

이 요청에 대해 제가 제공하는 답변의 예시는 다음과 같습니다 📝

📔 **누가복음 6장의 '원수를 사랑하라'는 말씀의 의미**
(가정예배용 설명 요약)

1. 말씀의 배경
예수님께서 이 말씀을 하신 당시, 유대 사회는 로마 제국의 지배를 받고 있었어요.
사람들은 로마 군인과 세리(로마에 세금을 대신 걷는 동족)를 원수로 여겼죠.
'원수를 사랑하라'는 말은 단순히 개인적인 감정 문제가 아니라,
억압받는 백성에게 "복수 대신 사랑으로 세상을 바꾸라"는 급진적인 가르침이었어요.

2. 당시의 일반적인 생각
그 시대 유대 율법에는 "네 이웃은 사랑하되, 원수는 미워하라"(마 5:43 참조)는 말이 있었어요.
즉, '이웃 사랑'의 범위는 같은 민족, 같은 믿음을 가진 사람에게만 국한되었죠.
그런데 예수님은 그 경계를 완전히 허무셨어요.
"너희를 미워하는 자에게 선을 행하라" (눅 6:27) —
하나님의 사랑은 원수에게도 흘러가야 한다는 것이 예수님의 새 명령이었습니다.

3. 예수님의 의도
예수님은 단순히 '착하게 살라'는 도덕 교훈을 주신 게 아니에요.
하나님 아버지의 성품을 닮으라는 초대였어요.
"너희 아버지께서 자비로우신 것 같이 너희도 자비로운 자가 되라"(눅 6:36)
즉, 원수를 사랑하는 삶은 인간의 감정을 넘어,
하나님의 자비를 세상에 보여주는 삶이에요.

4. 오늘 우리에게 주는 메시지
가정예배에서 이렇게 나눌 수 있어요 📝

- 누군가 나에게 상처를 주었을 때, 그 사람을 미워하기보다 기도해 주는 마음.
- 경쟁이나 갈등 속에서도 예수님처럼 용서하고 사랑을 선택하는 태도.
- 그렇게 할 때 우리는 세상과 다른 '하늘의 자녀'로 살아가게 된다는 것.

이런 형식으로 **성서적 배경 + 문화적 맥락 + 신앙 적용**을 균형 있게 담아드릴 수 있습니다.
원하신다면 다음 단계로 아래 중 하나를 도와드릴 수 있어요 👇

1. 📄 **가정예배용 설교문 형식으로 확장** (5분 분량)
2. 🎵 가정예배 찬양과 함께 구성된 예배 순서안
3. 📋 주일학교/가족 나눔용 요약 카드

어떤 형식으로 만들어드릴까요?

그림 9-1 프롬프트 ①에 대한 gpt-5의 답변

[프롬프트 예 ②]

"너는 성서학자야, 민수기 20장에서 모세가 지팡이로 반석을 두 번 쳤는데, 그 시기가 어떤시기, 어떤 장소에서, 왜 그렇게 행동했는지를 지도를 첨부해서 가정예배를 드릴 때 나눌 수 있는 수준으로 알려줘"

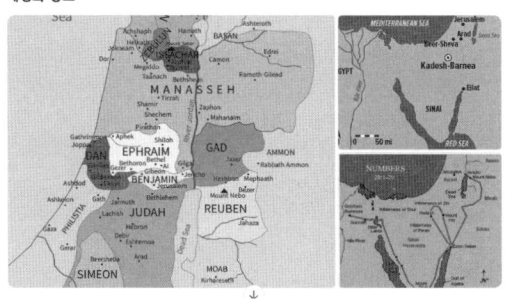

배경과 장소

- 본 사건은 Numbers 20장에 기록되어 있으며, 이스라엘 백성이 광야여정을 거의 마친 시점입니다. Theology of Work +2
- 기록된 장소는 'Wilderness of Zin(신 광야)' 안의 'Kadesh-Barnea(가데스 바르네아)' 지점입니다. bjv.edu +1
- '첫 달'(곧 홍해 탈출 이후 일정 시간이 흐른 뒤) 백성이 그곳에 이르렀고, 모세의 누이인 Miriam가 그곳에서 죽고 묻혔다는 언급이 나옵니다. (Numbers 20:1)
- 즉, 출애굽 직후가 아니라, 광야 40년간 여행 끝 무렵에 가까운 시점으로 보는 것이 일반적입니다. Bible Hub +1

왜 그렇게 했는가 – 사건의 전개

1. 백성이 물이 없어 불평하였고, 모세와 아론은 하나님께 나아가 구했습니다. (Numbers 20:2)
2. 하나님께서 모세에게 말씀하시기를, 지팡이를 들고 백성을 모아 "그 반석에게 말하라("Speak to the rock")" 물을 내리라고 하셨습니다. (Numbers 20:8) The Reads Truth +1
3. 그러나 모세는 백성 앞에서 이렇게 외쳤습니다: "애들아 반역자들아 우리가 이 반석에게서 너희에게 물을 내줄 수 있느냐?" 그리고 지팡이로 반석을 **두 번 쳤습니다**. (Numbers 20:10-11) Bible Hub +1
4. 그럼에도 불구하고 물은 풍성히 나왔고 사람들이 마셨습니다. (Numbers 20:11) Bible Hub
5. 그러나 하나님께서 모세와 아론에게 "너희가 나를 거룩하게 하지 아니하였으므로 이 회중을 내가 주는

왜 잘못되었는가 – 신학적 해석

- 하나님께서 명하신 '말하라(speak)'는데, 모세는 '치다(strike)'라는 과거 방식대로 행동했습니다. 즉 지시된 방식과 태도가 어긋났습니다. Jewish Theology +1
- 또한 모세가 백성 앞에서 "우리가 ... 해줄 수 있느냐?"라고 말함으로써 하나님의 능력보다 자신의 역할을 강조한 듯 보였고, 이는 하나님 앞에서 그의 거룩하심을 드러내야 할 책임을 다하지 못한 것으로 해석됩니다. noiregister.com +1
- 이 사건으로 모세가 '하나님을 거룩하게' 하지 못했다는 이유로 약속의 땅에 들어가지 못하는 결과로 이어졌습니다. 이는 하나님의 명령·신뢰·영광이 중요하다는 교훈으로 제시됩니다. verselyorientation... +1

가정예배 나눔 포인트

- *신뢰와 순종의 방식*: 우리가 하나님께 나아갈 때 "어떻게 나아가야 할까? 단순히 행동하는 것(지팡이로 치는 것)보다, 하나님께서 말씀하시는 '말하라'고 하셨다면 그 방식도 중요하다는 것을 봅니다.
- *하나님 앞에서의 태도*: 모세가 백성 앞에서 "우리가... 할 수 있느냐"라고 말한 것은 지시된 태도와 어긋나는 면이 있었습니다. 우리도 교회·가정에서 하나님을 드러내는 태도가 무엇인지 고민해볼 수 있다.
- *하나님의 은혜에도 불구하고 책임이 따른다*: 물이 나왔지만 모세는 땅에 들어가지 못했습니다. 하나님의 은혜와 축복이 있음에도 그에 합당한 순종과 거룩함이 요구된다.
- *우리의 생활 적용*: 일상에서 "다음번엔 이렇게 하겠다"고 싶던 방식이 하나님이 원하시는 방식과 다를 수 있다. 출퇴근 중 영어공부나 가정의 대화에서도, 단순히 '해야 한다'보다 '어떻게 해야 할까'라는 질문을 던져보자.

그림 9-2 프롬프트 ②에 대한 gpt-5의 답변

❷ AI를 활용한 '말씀해설 및 말씀읽기'
#사용 AI: NotebookLM – Journey Guided by Divine Presence

말씀팟캐스트 만들기

① 주일예배 설교말씀 음성파일을 준비합니다.

② notebooklm – Journey Guided by Divine Presence에 음성파일을 업로드합니다.

③ AI오버뷰 만들기 버튼을 눌러 팟캐스트 파일을 생성합니다.

(AI오버뷰 맞춤설정을 통해 '길이, 수준, 강조점'을 각 가정에 맞게 설정하여 활용하시면 됩니다.)

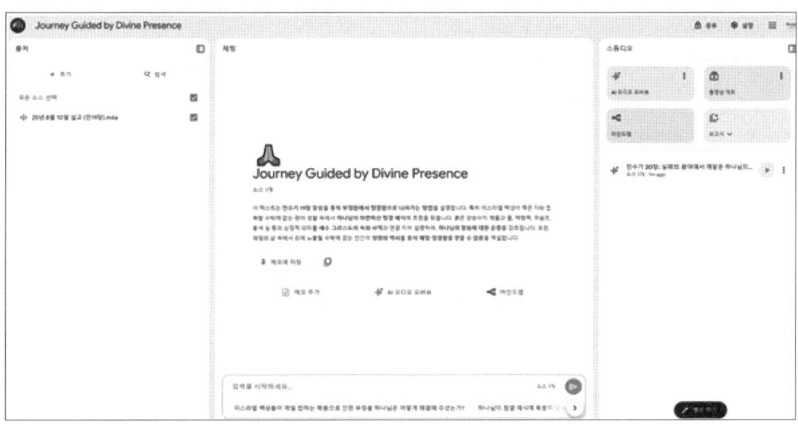

그림 9-3 팟캐스트 생성

생성된 음성파일을 듣는 것도 좋습니다. 소리로 듣는 방식은 집중과 몰입을 높입니다. 목소리의 억양, 속도, 감정이 담긴 전달은 말씀의 분위기와 감동을 살려 주며, 아이들이나 청소년처럼 시각보다는 청각에 집중이 잘 되는 구성원에게 특히 효과적입니다. 운전 중, 집안일을 하면서도 들을 수 있어 일상 속에서도 말씀과 연결될 수 있는 장점이 있습니다.

❸ 팟캐스트 진행자 되어 말씀 나누기
#사용 AI: 삼성 Galaxy One UI 탑재된 스마트폰 기본 어플

① 팟캐스트 음성 파일은 스마트폰으로 다운받습니다.

② 음성녹음 어플에서 텍스트로 변환을 누릅니다.

③ 텍스트 파일을 가지고 팟캐스트 진행자처럼 읽습니다.

음성파일을 텍스트로 변환(애플 iPhone iOS 18 이상, 삼성 Galaxy One UI 탑재된 스마트폰 기본어플)하여 가족구성원들이 팟캐스트 진행자가 되어 번갈아가면서 읽어도 좋습니다. 텍스트로 읽음으로 인해 말씀을 더 깊이 묵상하고 정리할 수 있게 합니다. 읽으면서 중요한 부분에 밑줄을 긋거나, 가족과 함께 특정 구절을 다시 확인하며 토론할 수 있습니다. 또한 들을 때는 놓칠 수 있는 내용을 다시 확인하고, 필요한 부분을 발췌해 묵상노트나 가정예배 교재로 활용할 수 있습니다. 특히 반복해서 읽으며 말씀의 흐름과 핵심 메시지를 더 명확히 이해할 수 있습니다.

듣기와 읽기를 함께 병행하면, 귀로는 말씀의 감동을, 눈으로는 구조와 의미를 다시 확인하는 이중 효과를 얻을 수 있습니다. 이는 가정예배에서 말씀을 보다 입체적으로 경험하게 하여, 온 가족이 하나님의 말씀을 더 오래, 더 깊이, 더 풍성하게 마음에 새길 수 있도록 돕습니다.

그림 9-4 팟캐스트 음성 파일을 텍스트로 변환

❹ AI를 활용한 말씀요약자료 만들기

#사용 AI: notebooklm - Journey Guided by Divine Presence

AI는 설교의 주요 문장과 포인트를 정리하므로, 가정 구성원들이 말씀의 중심 주제에 집중할 수 있게 만듭니다. 아래에 3가지 형태의 말씀요약 자료의 특징을 기술해놓았습니다.

동영상

아직 글을 읽는 것이 어려운 자녀들에게 시각 자료는 말씀을 보다 쉽게 이해하도록 돕는 유익한 도구가 됩니다. 영상은 반복 시청을 통해 말씀을 재탐색할 수 있고, 이를 바탕으로 말씀 암송이나 대화형 질문으로 확장할 수 있는 가능성을 열어 줍니다. 또한 영상은 손쉽게 공유될 수 있기에, 다른 가정이나 친구들에게 말씀을 전하는 가정선교의 출발점이 될 수 있습니다.

마인드맵

본문 전개와 주제를 한눈에 파악할 수 있어, 설교나 나눔이 더 명확해집니다.

브리핑 문서

핵심 내용을 정리해 주어, 부담 없이 간결하고 설득력 있는 메시지를 전할 수 있습니다. 각 구성원이 돌아가며 말씀을 전함으로써 신앙을 나누는 기쁨과 책임감을 함께 경험하게 됩니다.

이러한 자료를 제공받음으로 말씀자료 준비에 대한 부담이 줄어들어, 가정예배를 꾸준히 이어가기 쉬워집니다. 이러한 방식은 단순한 자료 전달을 넘어, 가족이 함께 말씀 안에서 성장하며 서로를 세워주는 신앙의 장을 만들어 줍니다.

① 주일예배 설교말씀 음성파일을 준비합니다.

② notebooklm - Journey Guided by Divine Presence에 음성파일을 업로드합니다.

③ 마인드맵, 보고서, 동영상 개요 버튼을 눌러 문서 및 영상을 생성합니다.

그림 9-5 notebooklm-Journey Guided by Divine Presence으로 설교요약자료만들기

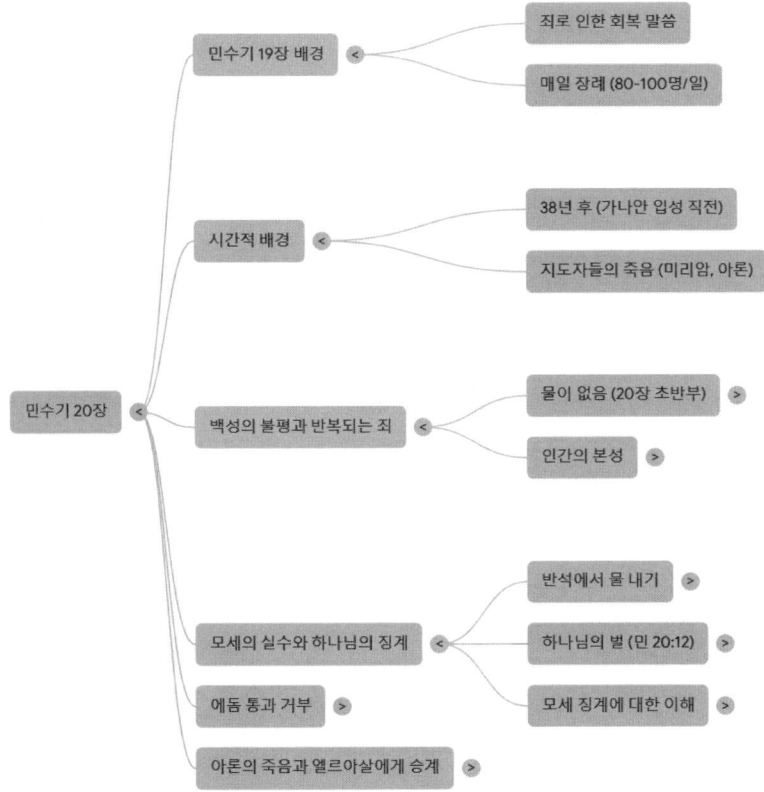

그림 9-6 생성된 마인드맵

> 스튜디오 > 메모

민수기 20장: 불평, 순종, 계승의 교훈

(저장된 대답은 보기 전용입니다.)

핵심 브리핑 문서: 민수기 20장 강해

이 브리핑 문서는 민수기 20장에 대한 강해를 요약하여 주요 주제, 핵심 사상, 그리고 중요한 사실들을 정리합니다. 원문 인용을 통해 내용의 정확성을 높였습니다.

1. 시간적 배경과 이스라엘 백성의 불평 (민수기 19장-20장 서두)

- **배경**: 민수기 19장에서는 이스라엘 백성이 범죄함으로 인해 매일 80명에서 100명에 달하는 장례를 치러야 하는 상황 속에서 하나님께서 죄를 통한 회복의 말씀을 주셨다.
- **시간적 공백**: 민수기 20장은 19장과 약 38년의 긴 시간적 공백을 두고 있다. 이는 가나안 입성을 코앞에 둔 시점으로, 출애굽 1세대의 지도자들이 죽음을 맞이하는 시기이다 (미리암의 죽음, 아론의 죽음).
- **충격적인 불평**: 38년 동안 수많은 장례를 치르는 모습을 보았음에도 불구하고, 이스라엘 백성은 민수기 20장 초반부에 "물이 없다"고 불평한다. 심지어 4절에서는 "다 우리도 죽었으면 좋겠다. 왜 우리를 여기서 인도했느냐"며 과거 출애굽 1세대와 동일한 반응을 보인다.
- **가데스 바네에서의 반복**: 이들은 38년 전 정탐꾼들이 돌아와서 '우리는 못 간다'고 불평했고, 그로 인해 40년간 광야를 방황하게 된 장소인 가데스 바네에 다시 도착하여 또다시 불평하고 있다.
  - **강조점**: 설교자는 이를 통해 "우리의 존재가 그렇다라는 거예요. 아니, 어떻게 가데스 바네에서 이들이 불평하지? 어떻게 이들이 매일매일 장례 치르는 모습, 하나님의 진노로 말미암아 장례 치르는 모습을 매일매일 보면서도 어떻게 이렇게 할 수 있냐라고 말을 하지만 뭐다? 우리가 그러고 있다. 우리가 조금만 내 불편함에 집중하면 이럴 수밖에 없다는 거예요."라고 강조하며, 인간의 연약함과 당장의 불편함에 집중하여 하나님의 은혜를 망각하는 어리석음을 지적한다.

2. 모세의 실수와 하나님의 징계 (민수기 20장 7-13절)

- **하나님의 지시**: 하나님께서는 백성의 불평을 들으시고 모세에게 지팡이를 가지고 반석에게 명령하여 물을 내게 하라고 지시하신다. 설교자는 "지팡이의 능력이 있다, 없다. 없습니다."라고 강조하며, 능력은 지팡이가 아니라 하나님께 있음을 분명히 한다.
- **모세의 행동**: 그러나 모세는 하나님의 지시대로 반석에게 말하는 대신, 분노하며 지팡이로 반석을 두 번 친다.
  - **해석**: 설교자는 모세의 행동을 "백성을 치고 싶은 마음에 혈기를 낸 겁니다."라고 해석하며, 38년간 반복되었을 백성의 불평과 그에 대한 모세의 인간적인 분노를 이해한다고 설명한다. (출애굽기 17장의 유사 사례 언급)
- **하나님의 징계**: 하나님께서는 모세와 아론에게 가나안 땅에 들어가지 못하게 하는 벌을 내리신다.
  - **핵심 구절**: "여호와께서 모세와 아론에게 이르시되 너희가 나를 믿지 아니하고 이스라엘 자손의 목전에서 내 거룩함을 나타내지 아니한 고로 너희는 이 회중을 내가 그들에게 준 땅으로 인도하여 드리지 못하리라 하시니라." (민수기 20:12)

[📎 소스로 전환]

그림 9–7 생성된 브리핑 문서

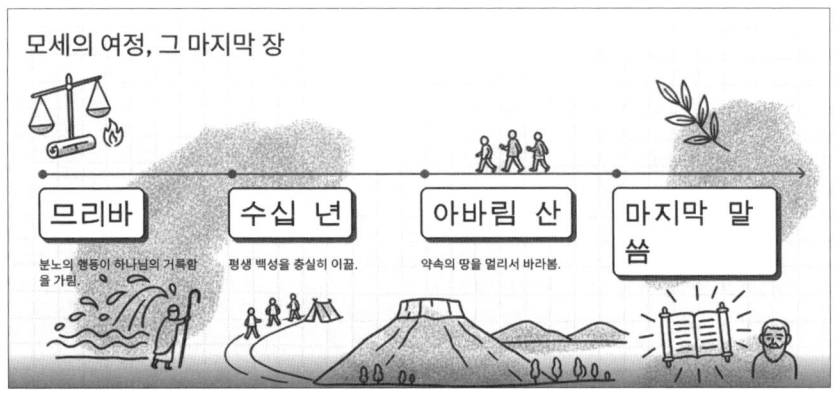

그림 9-8 생성된 설교요약 동영상

그림 9-9 생성된 설교요약 동영상 QR 코드

Chapter 10
대화가 서툴러도 괜찮다, 질문은 AI가 도와준다

현대 사회는 기술 발달과 생활환경 변화로 인해 세대 간 관심사와 언어가 크게 달라졌습니다. 이 차이는 대화의 공통 주제 부족과 서로의 언어에 대한 이해 부족으로 이어집니다. 특히 가정예배나 신앙 대화의 경우, 부모 세대의 성경적 언어와 자녀 세대의 디지털 언어가 자연스럽게 연결되지 않는 문제가 발생합니다. AI는 양 세대의 언어·관심사·표현 방식을 서로 연결해주는 중간 매개체 역할을 할 수 있습니다. AI는 특정 성경 구절이나 주제를 세대별 맞춤 자료로 변환할 수 있어, 가정예배 시 한 주제 안에서도 서로 다른 관점과 표현을 공유할 수 있습니다.

AI는 연령별 사고 수준에 맞춰 '열린 질문'을 제공할 수 있어, 정답 암기식이 아닌 스스로 생각하고 판단하는 훈련이 됩니다. 이는 성경적 세계관 형성에 매우 중요합니다. 같은 본문이라도 세대별로 다르게 적용할 수 있어, 모두가 말씀을 '자기 이야기'로 받아들입니다. 본문 이해 수준에 맞춘 질문은 '내가 답할 수 있는 말씀'이라는 자신감을 줍니다. 특히 어린 세대는 어려운 질문보다 자기 경험과 연결된 질문을 통해 말씀에 참여하게 됩니다.

같은 본문을 세대별 질문으로 여러 번 다루면, 서로의 대답을 듣는 과정에서 본문이 다양한 각도에서 각인됩니다. 서로 다른 질문에 대한 대답을 나누며, 세대별 관점과 삶의 경험을 이해하게 됩니다. 맞춤 질문은 모든 세대가 '예배의 대화 주인공'이 되게 하여, 특정 세대만 말하는 예배가 되지 않도록 합니다. 덕분에 가정예배가 '부모가 가르치는 시간'이 아니라 '서로 배우는 시간'으로 변화됩니다.

❶ AI를 활용한 질문 제작하기
#사용 AI : ChatGPT

프롬프트 작성시 〈본문+세대+목표만〉 잘 정리해도 AI가 매우 구체적으로 응답합니다. 예배 전 AI가 생성한 질문을 그대로 쓰기보다, 가정 구성원의 특성을 반영해 조금 수정하여 사용하시길 권합니다. AI에게 다시 요청할 때는 "난이도 높여줘 / 더 짧게 / 적용중심으로" 등 구체적 피드백 제공해줍니다.

구조에 맞춰 프롬프트 작성하기

① **[본문/본문요약]** 성경본문 (시편 23편 전체)

② **[대상 연령대]** 세대구분 : 장년, 청소년, 초등학생

③ **[목표]** 본문에서 하나님의 성품을 발견하고, 자신의 삶에 적용점을 찾도록 돕는 것.

④ **[형식]** 각 세대별 3문항씩, 묵상질문, 결단질문 형태

[프롬프트 예]

"당신은 목사이자 가정예배 사역자입니다. 성경본문(누가복음6장)을 읽고, 세대별 (장년, 청소년, 청소년)에게 각 세대가 하나님의 성품을 발견하고 자신의 삶을 돌아보게 할 수 있는 묵상질문, 결단질문을 각3가지씩 열린질문 형태로 만들어주세요."

다음은 눅 6장의 "원수를 사랑하라" 말씀을 바탕으로, **성인·청소년·어린이** 각각에게 적합한 묵상 질문과 결단을 촉구할 수 있는 질문을 3개씩 정리한 것입니다.

1. 성인 대상

묵상 질문
1. 내가 '원수' 혹은 불편한 사람을 대할 때 가장 힘든 이유는 무엇인가요?
2. '원수를 사랑하라'는 주님의 명령이 오늘날 내 인간관계나 직장·가정에서 어떻게 적용될 수 있을까요?
3. 내가 받은 하나님의 용서와 사랑이, 원수를 대하는 태도에 어떤 변화를 주어야 한다고 생각하나요?

결단 질문
1. 이번 주에 내가 마음속으로 미워하던 한 사람을 위해 구체적으로 기도하겠습니까?
2. 나를 힘들게 한 사람에게 최소 한 번 이상 친절을 베풀기로 결심하겠습니까?
3. 관계 회복을 위해 먼저 연락하거나 사과할 용의가 있습니까?

2. 청소년 대상

묵상 질문
1. 학교나 친구 관계에서 '원수처럼 느껴지는 사람'은 누구이며, 왜 그런 마음이 들까요?
2. 예수님이 말씀하신 '사랑'은 단순히 감정을 억누르는 것일까요, 아니면 행동까지 포함할까요?
3. 내가 원수를 대할 때, 친구나 가족이 보는 내 모습은 어떤 모습일까요?

결단 질문
1. 이번 주에 나와 사이가 좋지 않은 친구에게 먼저 인사하거나 웃어줄 수 있겠습니까?
2. 나를 힘들게 한 사람을 비난하는 말을 멈추고, 그 대신 그 사람을 위해 기도하겠습니까?
3. 내 SNS나 대화 속에서 원수를 향한 부정적 표현을 줄이기로 결심하겠습니까?

3. 어린이 대상

묵상 질문
1. 나를 놀리거나 괴롭히는 친구가 있을 때, 나는 어떻게 행동하나요?
2. 예수님이 "원수를 사랑하라"고 하신 이유는 무엇일까요?
3. 내가 친구를 용서하면, 그 친구와 나 사이에 어떤 좋은 변화가 생길까요?

결단 질문
1. 나를 힘들게 한 친구 이름을 적고, 그 친구를 위해 매일 짧게 기도하겠습니까?
2. 놀린 친구에게 웃으며 인사하거나 작은 친절을 베풀 수 있겠습니까?
3. 화가 날 때 바로 말하거나 행동하지 않고, 예수님께 먼저 도움을 구하겠습니까?

그림 10-1 프롬프트에 대한 답변

Chapter 11
시각자료와 놀이형 콘텐츠로 예배가 더 생동감 있다

GPT를 통해 성경의 정보와, 가정 구성원(어린이·청소년·성인)에 맞춰 질문·나눔 포인트를 얻게 된 것을 가지고 PPT 제작 AI가 즉시 시각자료를 만들어 주기 때문에, 자료 준비 시간이 대폭 줄어듭니다. 별도의 디자인 프로그램 숙련도가 없어도 완성도 있는 자료를 빠르게 확보할 수 있습니다.

❶ AI를 활용한 시각자료 만들기
#사용 AI: 미리캔버스 Miricle AI

① GPT를 통해 얻은 '성경배경자료 및 맞춤질문을 입력하고, '페이지 수, 듣는사람, 발표목적, 듣는사람'을 선택한다.

② 생성된 개요를 확인하고 순서를 변경 및 확정한다.

③ 템플릿을 선택한다.

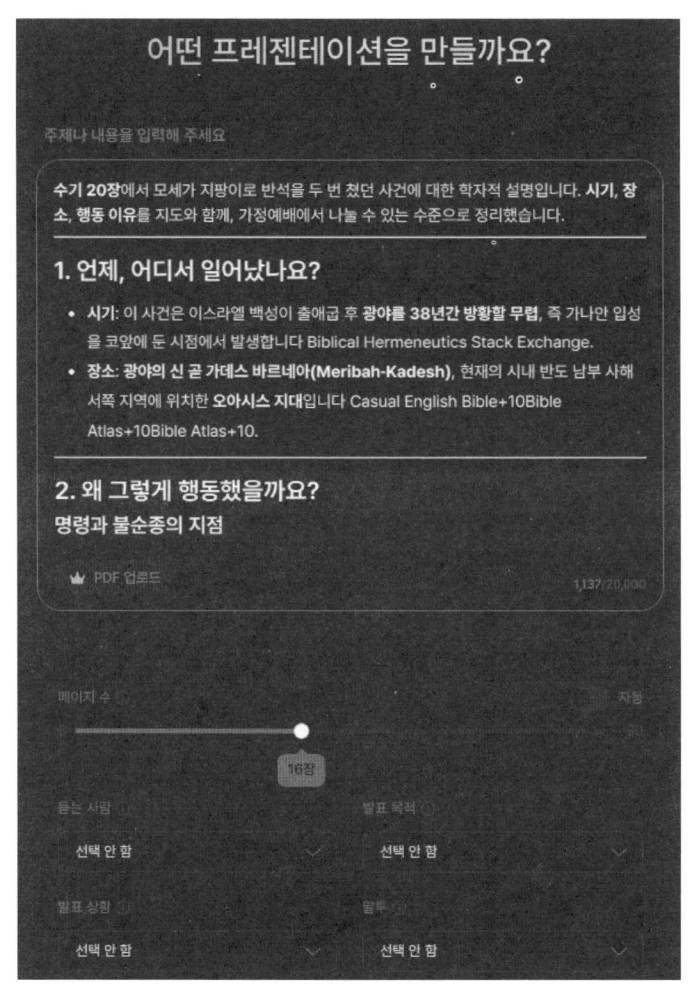

그림 11-1 Miricle AI를 이용한 PPT 생성 과정

이 과정을 거치면 아래와 같은 프레젠테이션 파일을 만들어집니다.
(프레젠테이션 내용들은 gpt를 통해 각 연령에 맞는 내용으로 변경하여 사용할 수 있습니다.)

모세가 반석을 두 번 친 사건

민수기 20장

모세 행동의 동기 (1)

백성들의 불평으로 인한 좌절감
- 모세는 백성들의 끊임없는 불평에 지쳐 있었음
- 40년간 이어진 원망과 불신의 패턴
- 리더십에 대한 도전과 반감이 누적됨
- 개인적 좌절감이 극에 달한 상황

감정적 대응
- "우리가 이 반석에서 물을 내랴?"라는 발언
- 하나님이 아닌 자신을 주체로 내세움
- 분노와 짜증이 섞인 어조로 백성들에게 대응
- 감정이 이성과 순종을 압도한 순간

인내의 부족
- 백성들을 향한 인내심 상실
- 하나님의 지시를 정확히 따르지 못함
- 리더로서의 자기 통제력 약화
- 순간적 감정에 휩쓸려 행동함

가정예배 나눔

모세의 사건을 통해 우리 가정에서 적용할 수 있는 중요한 영적 교훈을 나눌 수 있습니다.

가정에서의 적용

가정은 우리의 신앙이 가장 먼저 실천되는 장소입니다. 모세가 반석을 친 사건처럼, 우리도 일상에서 하나님의 방법이 아닌 자신의 방식으로 문제를 해결하려는 유혹을 받습니다. 가정에서의 갈등 상황은 우리의 신앙을 시험하는 '가데스 바르네아'와 같은 장소가 될 수 있습니다.

가정에서 갈등이나 갈망이 있을 때
- 함께 기도나 묵상을 통해 하나님의 음성을 듣는 시간을 얼마나 자주 가지나요?
- 가정 내 어려움이 있을 때, 감정적으로 대응하기보다 말씀에 근거한 해결책을 찾고 있나요?
- 자녀들에게 하나님의 거룩하심을 어떻게 보여주고 있나요?

그림 11-2 Miricle AI가 생성해 준 PPT

❷ AI를 활용한 성경퀴즈만들기
#사용 AI : ChatGPT, 감마

ChatGPT는 성경 내용을 분석해 맞춤형 문제와 해설을 신속하게 제공하고, 프리젠테이션 생성형AI가 이를 시각적으로 매력적인 자료로 완성시켜 줍니다. 두 툴을 결합하면, 교육적·시각적·시간 효율성이 모두 향상된 성경퀴즈 제작이 가능합니다.

ChatGPT는 입력한 성경본문이나 주제를 분석해, 연령대별 난이도와 학습목표에 맞춘 퀴즈를 생성할 수 있습니다. 예를 들어, 유치부는 그림·OX 퀴즈, 청소년은 주관식·심화 질문 등 맞춤형 설계가 가능합니다. ChatGPT가 문제와 정답, 해설까지 한 번에 생성하므로 초안 작성 시간이 대폭 단축됩니다. 이후 감마AI로 문제와 답을 입력하여 디자인을 적용하면, 아이디어에서 완성까지 빠르게 제작 가능합니다.

① ChatGPT에 성경퀴즈 범위 설정, 대상설정, 문제형태 설정하여 프롬프트를 작성한다.

   [프롬프트 예]
   "너는 가정사역에 능한 교회교육전문가야, 가정에서 초등학생 자녀들과 함께 성경퀴즈 대회를 하려고 하는데, '창세기 바벨탑' 사건을 가지고 객관식과 OX 퀴즈를 각각 10개씩 만들어줘."

② 감마 AI에 프레젠테이션 생성을 선택한다.

③ '무엇을 만들지 설명하시오' 칸에 '성경퀴즈대회 PPT 생성을 원해' 라고 입력 후 GPT가 생성해준 문제를 입력한다.

④ 생성된 PPT를 확인, 수정하여 제작을 완료한다.

> 아멘, 가정에서 초등학생과 함께 하는 성경퀴즈 아주 좋습니다!
> 아래는 **'창세기 바벨탑 사건(창 11:1–9)'**을 기반으로 만든 **객관식 10문항 + OX 10문항**입니다.
> 초등학생 눈높이에 맞춰 쉽게 이해하고 대답할 수 있도록 구성했어요.
>
> ### 📖 객관식 퀴즈 10문항
> (각 문항마다 보기 4개)
>
> 1. 바벨탑 이야기가 나온 성경의 책은 무엇일까요?
>   ① 출애굽기 ② 창세기 ③ 시편 ④ 요나서
>   **정답: ②**
> 2. 사람들이 바벨탑을 만든 이유는 무엇이었나요?
>   ① 여행하려고
>   ② 하나님께 영광을 돌리려고
>   ③ 자기들의 이름을 내고 흩어지지 않으려고
>   ④ 쉬려고
>   **정답: ③**
> 3. 사람들이 바벨탑을 세우려고 했던 장소는 어디였나요?
>   ① 시내산 ② 에덴동산 ③ 신할 평지(시날 땅) ④ 예루살렘
>   **정답: ③**
> 4. 사람들이 탑을 만들 때 사용한 재료는 무엇이었나요?
>   ① 돌과 흙 ② 벽돌과 역청 ③ 금과 은 ④ 나무
>   **정답: ②**
> 5. 바벨탑 사건에서 하나님께서 하신 일은?
>   ① 사람들을 모두 잠들게 하심
>   ② 비를 내려 탑을 무너뜨리심
>   ③ 언어를 혼잡하게 하심
>   ④ 천사를 보내어 지켜주심
>   **정답: ③**
>
> ↓

그림 11-3 Chat GPT-5가 생성한 성경퀴즈 문제

그림 11-4 감마 AI를 이용한 성경퀴즈PPT 생성과정

그림 11-5 감마 AI가 생성해준 성경퀴즈PPT

Chapter 12
가정의 신앙 기록을 남기며 "우리 집 믿음의 역사"를 써 내려가라

AI로 가족의 기도제목·결단을 정리하면 응답 추적·영적 성장 기록·세대 이해·공동 목표 형성·실천 강화라는 다섯 가지 큰 유익이 생깁니다. 이는 가정예배가 단발성 이벤트가 아니라, 하나님의 역사와 가족의 변화를 누적적으로 경험하는 여정이 되게 합니다.

❶ 영적 장점이 있습니다

AI가 날짜별·주제별로 기도제목을 정리해주면, 지난 기도와 현재 상황을 비교하며 하나님의 응답을 구체적으로 확인할 수 있습니다. 이는 가족의 신앙 간증이 되고, 기도의 지속 동기가 됩니다. 이를 통해 기도 응답의 흐름 추적 가능해집니다.

결단 내용과 기도제목을 누적 기록하면, 가족의 영적 관심사가 어떻게 변화·성숙했는지 한눈에 볼 수 있습니다. 연말이나 절기 때 돌아보기에 좋습니다. 영적 성장 가시화 효과가 있습니다.

❷ 관계적 장점이 있습니다.

각자의 기도제목과 결단을 AI가 한 문서에 정리하면, 가족이 서로의 마음과 상황을 더 잘 이해할 수 있습니다. 세대 차이로 잘 몰랐던 고민이나 필요가 드러나, 서로 격려하게 됩니다. 세대 간 이해와 공감이 확대됩니다.

AI가 개인 결단 속에서 공통 주제를 찾아 제시하면, 가족이 함께 기도하고 실천할 공동 목표를 세울 수 있습니다. 정리된 기도제목은 다음 예배 때 자연스럽게 "지난번 결단은 어떻게 되었어?"와 같은 대화를 이끌어냅니다.

❸ 교육적 장점이 있습니다

AI를 통한 자동 정리는 꾸준한 기록 습관을 돕고, 아이들에게 '신앙을 글로 남기는 문화'를 자연스럽게 가르침을 통해 기록 습관 형성하게 도와줍니다.

❹ AI를 활용한 예배(나눔) 기록하기

#사용 AI : 네이버 클로바노트

① 예배를 시작하며 녹음버튼을 누른다.

② 녹음된 파일은 선택하여 요약을 요청한다.

③ 요약된 파일을 저장하여 말씀내용을 복습, 기도응답 확인, 성경퀴즈 제작용으로 사용한다.

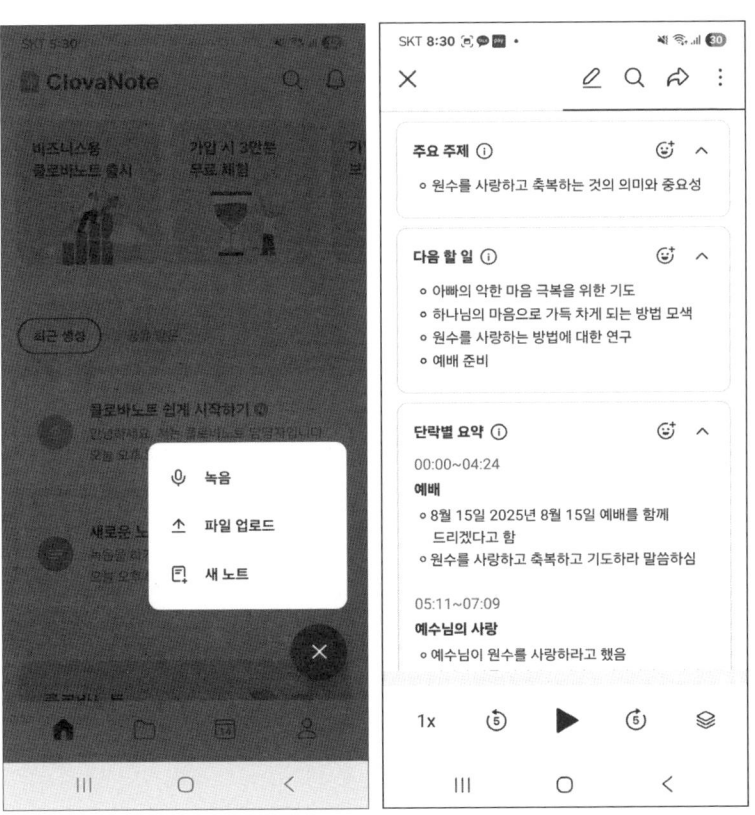

그림 11-6 클로바 노트를 활용한 예배 기록

> **적용 과제**

가정예배 찬양 1곡을 직접 제작해보기

- AI로 PPT파일을 만들어 가정예배에서 활용해보기
- AI를 사용해 세대별 적용 질문 생성 후 대화해보기
- 한 달간 기도제목 변화를 기록하고 응답 나누기

Chapter 13
AI 비교표

❶ 대화형/ 텍스트 생성형 AI

동영상 생성 AI는 텍스트 설명이나 이미지를 바탕으로 동영상을 만들어내는 기술이다.

표 A-1 대화형/ 텍스트 생성형 AI

이름/제조사	특징	주요 기능	용도
Chat GPT -OpenAI	자연스러운 대화, 범용 텍스트 생성	글쓰기, 번역, 코드 작성, 요약	교육, 비즈니스, 창작, 챗봇 서비스
Claude -Anthropic	헌법적 AI 원칙 기반, 안전하고 윤리적 답변	대화, 요약, 정보 검색, 윤리적 컨설팅	기업·기관용 AI, 텍스트 검토
Gemini -Google	멀티모달 AI (텍스트+이미지+코드), Bard 후속	질의응답, 코드 작성, 이미지 해석, 다중 언어 지원	검색, 리서치, 교육, 생성 AI
Copilot -Microsoft + OpenAI	소프트웨어 통합형 AI 비서	코드 자동 완성, 문서 요약, 프레젠테이션 지원	프로그래밍, 업무 자동화
Clova X -네이버	한국어 최적화, 한국 사용자 중심	한국어 텍스트 생성, 요약, 문서 작성, 검색 응답	한국어 콘텐츠 작성, 비즈니스 지원
NotebookLM -Google	개인 문서 기반 맞춤형 요약·응답	문서 기반 질의응답, 요약, 노트 관리	연구, 학술, 개인화된 지식 관리
Perplexity -Perplexity AI	실시간 검색 결합, 출처 포함 응답	검색 기반 답변, 출처 제공, 질문 응답	최신 정보 검색, 팩트체크
WorksAI -KT	기업용 AI 서비스, 업무 효율성 강조	이메일 요약, 문서 작성, 회의록 작성, 업무 자동화	국내 기업용, 사내 AI 비서

❷ 이미지 생성형 AI

이미지 생성 AI는 텍스트 입력을 받아 이미지를 만들어내는 인공지능 기술이다. 이 기술은 대규모 이미지 데이터로 학습된 인공지능 모델을 기반으로 작동한다.

표 A-2 이미지 생성형 AI

이름/제조사	특징	주요 기능	용도
디자이너 -Microsoft	Office 365 기반 이미지 생성 · 디자인 지원	이미지 생성, 프레젠테이션용 디자인 제작	문서 · 프레젠테이션용 시각자료 제작
파이어플라이 -Adobe	Adobe 툴과 연동, 상업적 사용 가능한 AI 생성 이미지 제공	이미지 생성, 배경 제거, 스타일 변환	그래픽 디자인, 광고 이미지 제작
미드저니 -Midjourney Inc.	고품질 아트워크, 독특한 스타일의 이미지 생성	아트워크, 컨셉아트, 창의적 이미지 생성	아트, 게임, 영화 컨셉아트, 창작 활동
비즈컴 -Kakao	한국 기업용 AI 이미지 생성, 한국어 최적화	광고 · 마케팅용 이미지 생성, 로고 · 포스터 제작	국내 비즈니스, 마케팅 이미지 제작
이머시티 -Immersity Labs	몰입형 가상현실(VR) 환경 구축용 3D 이미지 · 환경 생성	3D 환경, 가상현실 콘텐츠 이미지 생성	VR 콘텐츠, 메타버스 환경 제작
스카이박스 -Blockade Labs	360도 환경, 스카이박스용 이미지 생성	360도 배경, 게임 · VR용 환경 텍스처 생성	게임 개발, VR/AR 배경 이미지 제작

❸ 동영상 생성형 AI

동영상 생성 AI는 텍스트 설명이나 이미지를 바탕으로 동영상을 만들어내는 기술이다.

표 A-3 동영상 생성형 AI

이름/제조사	특징	주요 기능	용도
드림머신 -Luma AI	이미지나 텍스트에서 자연스러운 동영상 생성	텍스트→비디오, 이미지→비디오 변환 실사형 스타일 유지	영화, 광고, 프리비주얼 제작
클링AI Kuaishou	실제 영상에 가까운 AI 기반 사람·동작 합성	인물 동작 재현, 텍스트 기반 동작 시뮬레이션	영상 콘텐츠, 캐릭터 애니메이션 제작
헤이젠 -Heygen	실제 인물처럼 보이는 AI 아바타 생성 및 다국어 영상 더빙 지원	AI 아바타 생성, 얼굴 합성, 음성 합성, 언어 변환	기업 홍보, 교육 콘텐츠, 글로벌 마케팅 영상
브루 -뷰노	자동 자막 생성과 AI 기반 영상 편집 지원	영상 자막 생성, 간편 편집, 키워드 편집	유튜브 영상 편집, 강의 영상 제작
캡컷 ByteDance (TikTok	모바일 중심 AI 템플릿·영상 자동화 기능 탑재	AI 자막, 스타일 템플릿, 자동 효과 편집	숏폼 콘텐츠 제작, SNS 영상 편집

❹ 특화기능 생성형 AI

'텍스트, 이미지, 동영상' 각 한가지 유형의 생성에 특화된 서비스 이외에도 다양한 작업을 처리할 수 있는 다재다능한 AI가 주목받고 있다.

표 A-4 특화기능 생성형 AI

이름/제조사	특징	주요 기능	용도
감마	AI 기반 프레젠테이션 자동 생성	텍스트 입력 → 슬라이드 디자인 및 구성 생성	기획안, 발표자료, 비즈니스 프레젠테이션
수노	AI 기반 음악 생성 플랫폼	텍스트 입력 → AI 작곡 배경음악 · 노래 생성	음악 제작, 광고 BGM, 영상용 배경음악
릴리스	AI 기반 홍보 문서 · 리포트 자동 생성	마케팅 문서, 뉴스레터, 보고서 자동 작성	기업 마케팅 자료, 리포트 작성 지원
다글로	AI 기반 문서 시각화 · 인포그래픽 생성	데이터 입력 → 시각화된 인포그래픽, 차트 생성	보고서, 프레젠테이션용 인포그래픽 제작
브랜드마크	AI 기반 로고 · 브랜드 아이덴티티 자동 생성	로고 디자인, 컬러 팔레트, 브랜드 가이드 생성	스타트업 로고 제작, 브랜드 디자인 초안
MiriCanvas (Miricle AI)	올인원 통합 기능 제공 목차 생성부터 디자인, 이미지, 아이콘, 로고까지 AI로 생성 가능	주제 입력 → 목차 생성, 슬라이드 자동 구성 → 디자인 템플릿 적용	한국어 발표자 (학생 · 교육자 · 직장인), 브랜딩 디자이너, 시간 절약 중시 사용자